Inhalt

Einführung

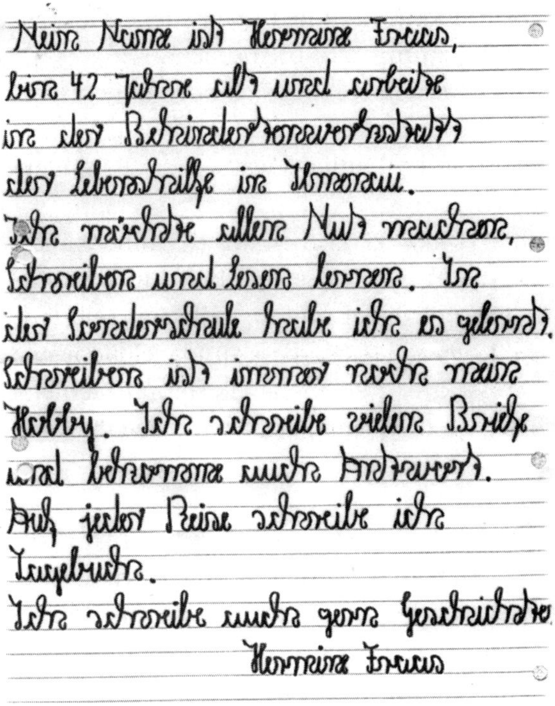
Mein Name ist Hermine Kraus,
bin 42 Jahre alt und arbeite
in der Behindertenwerkstatt
der Lebenshilfe in Hanau.
Ich möchte allen Mut machen,
schreiben und lesen lernen. In
der Sonderschule habe ich es gelernt.
Schreiben ist immer noch mein
Hobby. Ich schreibe vielen Briefe
und bekomme auch Antwort.
Auf jeder Reise schreibe ich
Tagebuch.
Ich schreibe auch gern Geschichte.
Hermine Kraus

Hermines eigene Einführung zu diesem Buch

Im August 1996 war es da, das Buch „Leben mit Hermine“ und fand erstaunlich viele Leser. Warum? Es wird viele Gründe geben. Vielleicht, weil es Einblick in 40 Jahre Leben mit einem behinderten Menschen gibt. Vielleicht, weil Betroffene wissen wollen, wie andere Menschen das Schicksal tragen.

Vielleicht kann das Buch behinderten Menschen, ihren Angehörigen und Freunden Trost und Mut vermitteln.
Vielleicht gibt das Buch Anregung für den Umgang mit Behinderten.
Vielleicht überdenken nicht betroffene Menschen ihre Einstellung zu ihren Mitmenschen.
Vielleicht werden die, die sich normal nennen, zufriedener.
Vielleicht, ja hoffentlich, werden sie Behinderten gegenüber toleranter.
Die erste Lesung zu „Leben mit Hermine" fand Anfang August in der Sparkasse Arnstadt-Ilmenau statt. Hermine war mit dabei und las teilweise selbst vor. Ihre Texte interessierten bei dieser und vielen folgenden Lesungen Zuhörer, betroffene Eltern und Fachleute.
Nach wenigen Wochen wurde die zweite Auflage gedruckt.

Jetzt ist das vorliegende Büchlein mit Texten von Hermine da. Hermine wurde mit Down-Syndrom geboren und ist jetzt 43 Jahre alt. Das Buch enthält Briefe, kleine Geschichten, Erlebnisse und Reiseerinnerungen aus ihrem Leben, aus drei bis vier Jahrzehnten. Hermine schreibt auf, was andere Menschen ihresgleichen fühlen, aber vielleicht nicht formulieren können.

Hermine liest am 8.8.1996 in der Sparkasse
(Foto: Dr. Veit, Thüringer Allgemeine)

I. Aller Anfang ist schwer!

Erste „Schritte" 1962

Im Kinderzimmer hing eine große Wandtafel. Hermine mit ihrer jüngeren Schwester Claudia, übten dort eifig mit anderen Spielkindern Buchstaben schreiben. Grobmotorik gehörte zur Frühförderung.
Vom ersten Buchstaben an der großen Wandtafel, es war das A, war es ein weiter Weg bis zur Erkenntnis „Schreiben und Lesen sind meine Hobbys!"

Mit Zahlen zu arbeiten, war hingegen nicht ihre Sache. Eine Lieblingslehrerin, Frau M., versuchte in den Sommerferien, den Durchbruch zu schaffen. Hermine ging gern zur Rechenstunde, aber nicht wegen der rätselhaften Zahlen, sondern um Frau M. zu besuchen. Allerdings lernte sie später ihren Lohn zu zählen, den sie 16 Jahre lang in der Lohntüte von der „Thermos“ nach Hause brachte, wo sie von 1972 bis 1988 in der „Geschützten Betriebsabteilung“ des Volkseigenen Betriebes arbeitete. Hermine strahlte übers ganze Gesicht, wenn sie die Scheine und Münzen auf dem Tisch sortierte und zählte. Sie war davon überzeugt, daß sie wesentlich zur Versorgung der Familie beitrug.
Anders im Fach Deutsch. Sie konnte von der ersten bis zur letzten Klasse den Anschluß in der Hilfsschule (Schule für Lernbehinderte) halten. Sie lernte Schreiben und Lesen und war vielen Mitschülern überlegen. Das machte Lust!

Vorbereitung auf den ersten Schultag

Schreiben und Lesen sind Hermines Hobbys geworden und bis zum heutigen Tag ihre liebsten Freizeitbeschäftigungen geblieben.
Hunderte von Briefen liegen vor, Reisetagebücher aus 3 Jahrzehnten, Erlebnisberichte, Geschichten und Bildbeschreibungen füllen zahlreiche Ringhefter.
Im Laufe der Jahrzehnte entwickelte sich Hermines Persönlichkeit, ablesbar in zahlreichen Manuskripten, den sich wandelnden Inhalten, der Veränderung des sprachlichen Ausdrucks und des Schriftbildes.

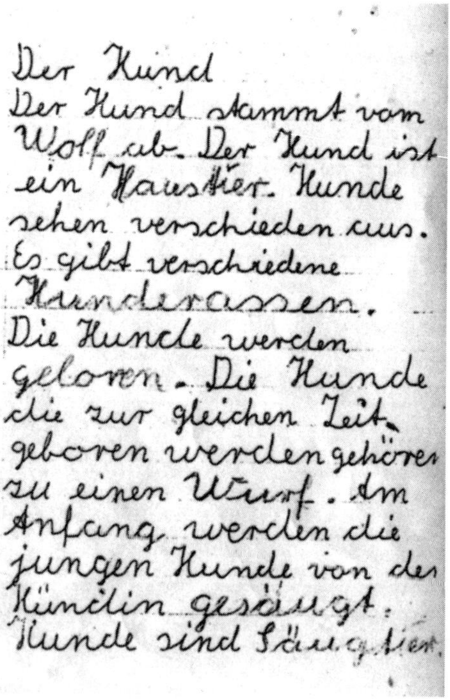
Der Hund
Der Hund stammt vom
Wolf ab. Der Hund ist
ein Haustier. Hunde
sehen verschieden aus.
Es gibt verschiedene
Hunderassen.
Die Hunde werden
geloren. Die Hunde
die zur gleichen Zeit
geboren werden gehören
zu einen Wurf. Am
Anfang werden die
jungen Hunde von der
Hündin gesäugt.
Hunde sind Säugetier.

Aufsatz aus der 6. Klasse

II. Erlebnisse

Erlebnisse? Na klar, die hat doch jeder Mensch!

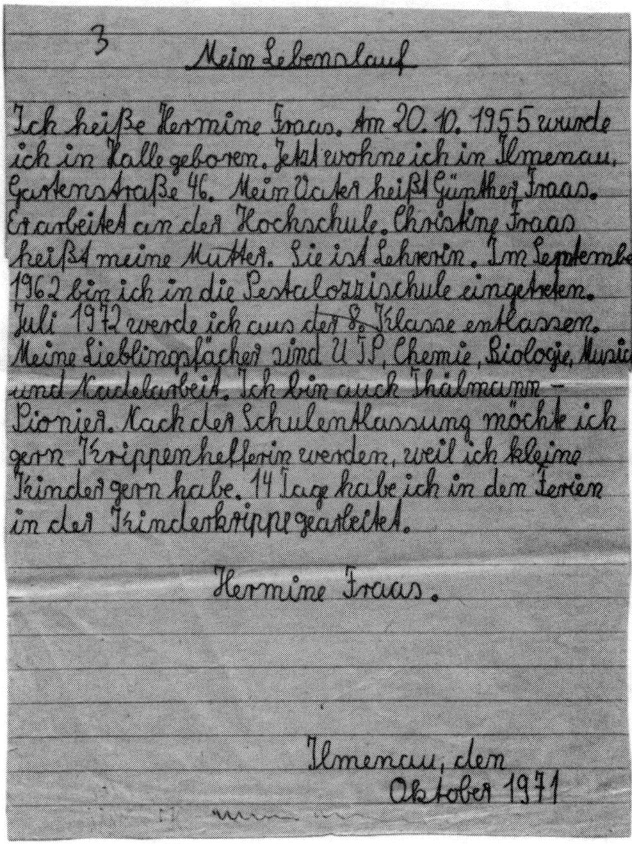

3

Mein Lebenslauf

Ich heiße Hermine Fraas. Am 20.10.1955 wurde ich in Halle geboren. Jetzt wohne ich in Ilmenau, Gartenstraße 46. Mein Vater heißt Günther Fraas. Er arbeitet an der Hochschule. Christine Fraas heißt meine Mutter. Sie ist Lehrerin. Im September 1962 bin ich in die Pestalozzischule eingetreten. Juli 1972 werde ich aus der 8. Klasse entlassen. Meine Lieblingsfächer sind UTP, Chemie, Biologie, Musik und Nadelarbeit. Ich bin auch Thälmann-Pionier. Nach der Schulentlassung möchte ich gern Krippenhelferin werden, weil ich kleine Kinder gern habe. 14 Tage habe ich in den Ferien in der Kinderkrippe gearbeitet.

Hermine Fraas.

Ilmenau, den
Oktober 1971

Hermine schrieb vor ihrer Schulentlassung 1972 unter Anleitung des Lehrers diesen Lebenslauf. (*UTP* war ein „Unterrichtstag in der Produktion“)

Der zweite Lebenslauf stammt aus dem Jahr 1992. Eine Studentin wollte etwas über Hermines Leben wissen. Hermine war wieder einmal krank, hatte Zeit nachzudenken und schrieb diesen Lebenslauf. „Natürlich" war damals ihr Lieblingswort.

Mein Lebenslauf
Ich heiße Hermine Christine Fraas und bin geboren am 20.10.1955 natürlich in Halle. Bin dort in der evangelischen Kirche getauft worden weil meine Eltern es so wollten und waren sich auch einig mit meinen Namen sind wir alle stolz darauf.
Meine Mutti war in der Pestalozzischule als Biologielehrerin und in der Zwischenzeit hatte sie 10 Jahre aufgehört. Weil sie mich hatte und ich war dauernd krank und war auch sehr viel im Krankenhaus natürlich hatte ich Ohrenentzündung.
Mich mußten sie hochpäppeln und ich spuckte alles aus weil bei mir im Körper nichts drinblieb natürlich mußten sie mich regelrecht zwingen zum essen. Ich schlief beim Essen immer ein meine Mutti zog mich am Ohrläppchen und ob ich aufgewacht war weiß ich nicht.
Meine Lieblingsfächer in der Schule waren Musik, Geschichte, Nadelarbeit, Kocharbeitsgemeinschaft, Biologie und Werken. Was ich nicht gern hatte Mathematik, Chemie, Physik, Gartenarbeit und Turnen, was ich nicht gelernt habe mit Geld umgehen. Lesen und Schreiben mache ich sehr gerne und Märchen dichten, Geschichten erzählen natürlich Fantasieren schon von meiner Kindheit an.

Bin mit 7 Jahren eingeschult worden und erst war ich sehr gerne in der Schule und dann nicht mehr weil mich Kinder sehr geärgert haben.
Mein Vati war an der TH Hochschule tätig in Ilmenau, natürlich studierte er in Halle.
Er wuchs in Weischlitz auf und hatten Landwirtschaft das ist ein Dorf und liegt im Vogtland. Es ist eine herrliche Berglandschaft.
(Die Großeltern hatten zwar Kaninchen aber keine Landwirtschaft)
Meine Schwester Claudia arbeitet jetzt in Mannheim und zwischendurch studierte sie in Leipzig. Sie war auch in Berlin tätig.
In Langewiesen hatte ich 16 Jahre dort gearbeitet und stellte Thermosflaschen und Thermoskannen her natürlich packte ich dort Hülsen aus und wusch auch Becher und sie paßten auch auf das wir nicht zu viel aßen und D fragte mich noch ob ich noch Hunger hätte und ich sagte schön ja, wir tauschten es aus.

Wenn Hermine am Computer keine Briefe oder Geschichten schreibt, dann sind es Erlebnisse, Erinnerungen aus verklungenen Tagen. Ich glaube, sie braucht diese Rückbesinnung. So erinnert sich Hermine an die Schulzeit.

Meine Schulerlebnisse!
In der Klasse hatte ich eine Klassenfahrt nach Suhl ins Theater eingeplant.
Und zwar das Theaterstück Rotkäppchen und der Wolf wurde uraufgeführt.

Ich war von der ganzen Schule bei dem Fahnenappell ausgezeichnet für die beste Sammlerin im Altpappier geworden.
Mit meinem Klassenkammerad zusammen bekamen wir vom Bummiheft einen schönen bunten Wasserball geschenkt.
Wir hatten auch schöne Ferienspiele außerhalb der Schule gehabt, und Mutti meine Großmutter und ich waren im Kino.
Natürlich bekam ich für das beste Zeugnis von meiner Oma Geld und ich sollte mir etwas dafür kaufen. Da habe ich mir gewünscht meine Oma einzuladen und ich lud sie zum Eisbecher essen ein, mit meiner Mutter zusammen.
Ich sagte zu meiner Oma ich hätte keine Schule und da ging ich mit meiner Oma zusammen in den Zoo. Natürlich traffen wir meine Klasse und die waren ganz schön schockiert gewesen.
Natürlich wußte ich keine Antwort darauf da war ich ganz schön sprachlos.
Einmal lud ich meine Klasse zu meinem Geburtstag ein und Mutti macht Diasvorführung mit uns allen. Claudia spielte auf dem Klavier nach meiner Schulentlassung und wir gingen ins Gastronom mit Tante Liesel zusammen. Natürlich hatte Vati für mich keine Zeit gehabt, natürlich erklärte er es auch warum und weshalb.
Da war ich sehr froh darüber das er mir es sehr erklärt hat.
Er muß auch Geld verdienen und die Familie zu beschützen, um sie zu ernähren.

Claudia und ich haben uns alleine abgesprochen, und wir gingen Claudia und ich zur Klavierstunde.
Zur Frau M und dann zur Frau S, natürlich habe ich aufgehört zuspielen, natürlich entschied ich mich selber es zu machen.
Ich sagte zur Oma das sie es meiner Mutter wegen dem Klavier sagen soll. Ich verpetzte meine Oma nie und sie mich auch nicht.
Meine Oma schnitt im Garten Rabarber ab und ich half ihr dabei.
Meine Oma schnitt Blumen ab und Mutti sah das und schimpfte ganz schön mit ihr.
Claudia und P nahm Saft aus meinem Schrank, was sie mitgebracht hatte aber ich habe es meiner Oma gesagt und da hat sie sehr geschimpft mit den zweien.
Meine Oma hat mich sehr beschützt und da freute ich mich sehr darüber.

Schulerlebnisse? Da fielen ihr auch Unterrichtsstunden ein. Inhalte, die sich im Heimatkundeunterricht und dann im Biologieunterricht in den Schuljahren wiederholten.
„Mine, sind denn das Erlebnisse?“ fragte ich sie einmal.
„Na klar, das hab ich doch in der Schule erlebt!“
Wie konnte ich da zweifeln?

Meine eigene Bioerlebnisse in der Klasse
Die Betrachtungen über die Pflanze Sonnenblume und sie wächst im Garten oder auf dem Feld.
Sie sieht sehr schön gelb aus und die Blütenblätter ganz besonders gelb, und in der Mitte der Blüte sind

die Samenkerne drine. Die Standvögel holen sich von der Blüte die Kerne mit den eigenen Schnäbeln heraus.
Aus den Kernen gewinnt man Öl und aus dem Öl wird Margerine weiterverarbeitet.
Und was für Vögel zum Beispiel. Die Blaumeise, die Amseln, die Kohlmeisen, die Stare, der Grünspecht und der Bundspecht.
Nicht nur Vögel fressen die Samen sondern auch Eichhörnchen.
Natürlich fressen sie alles und zwar auch Nüsse.
Aus den Sammen von der Blüte der Sonnenblume wird Öl gewonnen.
Zum Beispiel Butter ist ungesund wenn man übertreibt und das sollte man nicht machen.
Gesünder sind Pflanzliche Produckte zum Beispiel Cama. (Cama ist eine Margarine)
Ich habe ein Eichhörnchen in einem Vogelhäuschen vor unserem Fenster gesehen und sollte man schön leise sein und nicht die Tiere bei ihrem Futter stören.
Und das habe ich auch alles in der Schule und auch in meiner Klasse ohne Mutters Unterstützung alleine geschafft.
Man darf nur die Vögel im Winter füttern weil sie in Not Situation wirklich sind. Sonst verwöhnt man sie zu sehr und muß man sie im Sommer schon selbst das Futter suchen lassen. Sonst kommen sie nie im Leben alleine zurecht.

„Brigadeausflug“ mit den Mitarbeitern in der Geschützten Betriebsabteilung. Vorn von links:Thomas, Bärbel, Doris, Hermine

Für die Lebenshilfezeitung (Februar 97) schrieb ich einen Artikel über die „Geschützte Betriebsabteilung des Volkseigenen Betriebes (VEB) Thermos Langewiesen“. Dort hat Hermine 16 Jahre gearbeitet. Sie wollte selbst über diese Zeit schreiben, denn „sie weiß es ja besser als ich“. Recht hat sie damit!
Der kleine Artikel von ihr wurde auch in der Zeitung veröffentlicht.

Meine eigenen Gedanken über die Arbeitsstelle von der Thermos
Ich habe deshalb dort aufgehört weil ich bei den Mitarbeitern Probleme hatte.
Und ich hatte auch im Straßenverkehr große Probleme selbst gehabt und mußte mir von fremden guten Leuten helfen lassen.
Ich machte dort die Thermoskannen, die Speißegefäße

und die Metall Hülsen packten wir gemeinsam aus. Ich hatte auch meine Kreislaufprobleme dort gehabt und ich hatte auch viele gute Freunde gehabt die mir sehr geholfen haben.

Wir hatten auch Frauentagsfeiern gehabt und einmal in Möhrenbach, einmal in Ilmenau in der Gaststätte Leimrute und natürlich auch in der Gaststätte auf der Ehrenburg.

Und wir hatten auch viele schöne Brigadefeiern gehabt in Gehren und die Gaststätte hieß die Wohlrose bei einem Seerosenteich.

Und dann waren wir gemeinsam und mit unsere Brigade in der Gaststätte auf der Friedenshöhe auch mit in Gehren.

Und dann waren wir in Oberhof und in Mosbach außerhalb von Manebach und auch einmal in Oberweisbach und wo die Bergbahn dort fährt.

Und wir guckten das Fröbel Museum von oben und unten genau an.

Ich stieg am Ilmenauer Bahnhof bei dem guten Busfahrer Martin alleine rein und ich durfte es auch von ihm aus.

Und natürlich regte sich eine Ilmenauer Mitarbeiterin sehr auf und nur weil ich große Vorteile bei den Männern hatte.

Ich war auch sehr wetterfühlig und ich war sehr oft krank gewesen und da war ich auch sehr traurig darüber.

Und ich war auch sehr glücklich darüber wo ich wieder arbeiten durfte und ich wollte auch bei Fieber arbeiten.

Und meine Ärztin und meine guten Eltern machten da auch nicht mit.

Schallplatten, Kassetten und Bücher sind Hermines Freude. Oft zieht sie sich in ihr Zimmer zurück, legt sich eine Platte oder ein Band auf und verkündet: „Ich bin nicht zu sprechen. Ich gehe jetzt meiner Freizeit nach!"
Oft höre ich ein Gemurmel von nebenan. Hermine liegt auf ihrem Bett und liest. Das geht nur mit Mundbewegung und Gemurmel. Ohne ihre Teilprothese ist das nicht möglich. Das entdeckte ich erst, als Hermine zur Operation in der Zahnklinik lag und mir weinend mitteilte: „Lesen geht nicht ohne Zähne!"

Meine eigenen persönlichen Schallplatten!
Ute Freutenberg ist meine schönste Schallplatte und Sängerin.
Der Roland Kaiser davon habe ich auch eine Schallplatte und Kassette.
Von Peter Alexander habe ich auch eine Kassette von Claudias Patentante geschenkt gekriegt, da habe ich mich sehr gefreut.
Ich habe viele Kassetten von Marianne und Michael von Claudia bekommen, natürlich auch von Stefanie Hertel darauf habe ich mich sehr gefreut darüber.
Von S habe ich die Kassette Udo Jürgens zu meinem Gebursttag bekommen, da freute ich mich sehr darüber.
Ina Maria Federofski ist eine Sängerin und die habe ich sehr gerne, und sie hat eine schöne Stimme.

Natürlich macht sie Popmusik und ich hörte im Fernsehen das sie Auftritte macht.
Helga Hannemann natürlich auch da habe ich auch eine Schallplatte und eine Kassette davon. Da tanzte ich sehr gerne dazu und habe ich auch ein sehr gutes Tacktgefühl, was andere Menschen nicht haben. Solche Musik haben nicht alle Menschen gerne und da gibt es auch Unterschiede.
Das waren meine Betrachtungen über meine Schallplatten und über meine Kassetten Sammlung.
Mein schönstes Kinderlied im Radio ist meine beste ist die Oma und da singe ich immer mit.
Natürlich trampele ich mit den Füßen und Mutti hat gedacht die Lampe fällt von der Decke.

Meine eigne Leseliteratur
Ich habe gelesen das Buch „Ich heirate eine Familie" und habe auch die Serie im Fernsehen gesehen. Da bin ich in die Nachbarschaft selbst gegangen und habe es mir selbst ausgeborgt.
Ich habe auch das Buch „Die fliegenden Ärzte" im Urlaub gelesen. Natürlich habe ich es auch im Fernsehen gesehen, was ich sehr gerne mache und was mich interessiert.
Mir hat das Buch „Die Tierarztfamilie" sehr gefallen und die Propleme in der Familie interessiert mich sehr, natürlich beschäftigt mich das auch.
Das Buch „Das doppelte Lottchen" habe ich sehr gerne gelesen und natürlich auch im Kino oder im Fernsehen gesehen.
Im Urlaub habe ich „Tinko" von Erwin Strittmatter

gelesen, die Erlebnisse von einem Mexikanischen Jungen.
Im Urlaub habe ich das Buch von Theodor Fontane „Evie Briest" gelesen und es war sehr traurig gewesen, solche traurigen Bücher habe ich auch gelesen. Ich heulte wie ein Schloßhund.
Und natürlich habe ich auch viele Tierbücher gelesen was mir großen Spaß machte.
Märchenbücher las ich auch sehr gerne und Indianerbücher, natürlich auch Jugendbücher, was auch mit Liebe zusammenhängt.
Liebesromane lese ich auch sehr gerne und traurige Märchenbücher auch was Mutti nie gepaßt hat. Ich las es trotzdem und mein Vati hatte es auch nicht gerade gefallen, natürlich las ich auch ohne Einverständnis der Eltern.

Hermine begleitet mich zu Vorträgen, Konzerten oder Ausstellungseröffnungen in Kirchen, ins Museum unserer Stadt oder ins Bürgerhaus.
Neulich fragte mich ein Bekannter: „Versteht denn Hermine, um was es da geht?"
Dieselbe Frage stellte ich meinem Mann vor vielen Jahren, worauf er antwortete:
„Wenn Hermine will, geht sie mit. Ich bezweifle, ob die anderen, die da sitzen, alles verstehen, was da verkündet wird."
Und damit war das Problem ein für allemal geklärt. Hermine entscheidet also selbst, ob sie mit mir gehen will. Manchmal entscheidet sie sich auch für die „Feste der Volksmusik" im Fernsehen und bleibt gern daheim.

Ein Abend in der Alten Försterei
... Mit Mutti war ich heute Abend in der alten Försterei bei einer Gemäldeveranstaltung eingeladen worden.
Es war sehr lehrreich für mich selbst und es hat ein Mann auf einer Oboe sehr schön gespielt.
Es gab Rotwein, Selter und Orangensaft zu trinken, und ich nahm gleich selbst die Flasche Saft in die linke Hand und goß mit der rechten Hand das Glas schief ein.
Eine Frau wollte mir zwar helfen aber ich wollte es nicht haben und ich habe es dankend abgelehnt.
Mutti hat es mir erklärt was auf den vielen Bildern darauf ist und das ist auch gut so.

„Erwachsenenbildung für geistig behinderten Menschen“, so heißt das Angebot des Landesverbandes der Lebenshilfe. Mindestens einmal im Monat fährt eine Gruppe junge Leute aus den Wohnhäusern der Lebenshilfe in Ilmenau nach Jena, um das Angebot wahrzunehmen. Diesmal zum Thema: „Auf dem Weg der Stille“, Herbst 1997. Hermine wollte gern mitfahren. Sie erlebt gern etwas ohne mich. Gut so!

Meine Erlebnisse in Jena
Wir wohnten in einer Pension und dort schlief ich in einem schönen Einzelzimmer. Ich hatte ein Radio mit Uhrzeit am Bett.
Der Wecker machte einmal früh um 6.00 piep, piep. Meine Nachbarn wachten davon auf und schliefen nicht mehr ein.

Das Essen schmeckte alles sehr gut. Wir unternahmen hinterher einen schönen Abendspaziergang und machten gemeinsam in einem Dorf außerhalb von Jena einen Dorfrundgang und lernten die schöne unbekannte Dorflandschaft kennen.
Am liebsten machte ich das Schattenspieltheater, kreatives Zeichnen, Entspannungstraining und Meditationsübungen.
Und bei dem Entspannungstraining machen wir einen Entspannungstanz mit vielen bunten Luftballons an den Beinen daran. Und das machte mir großen Spaß. Und ich legte mich mit dem Maig auf eine Matte und wir massierten uns gegenseitig und wir tauschten uns beide aus und wir freundeten uns an.
Am Abend hatten wir ein Lagerfeuer und haben Volkslieder gesungen. Und wir mußten auch beim Lagerfeuer selbst Brot backen und auch selbst Holz holen. Und die schweren Arbeiten mußten die Männer machen und wir Frauen freuten uns.
Und beim Lagerfeuer machte eine Gruppe einen Waldspaziergang. Und die andere Gruppe machte mit uns zusammen einen Balltanz auf einem bunten gespannten Tuch mit vielen Farben darauf und das machte auch sehr viel Freude.
Und dann machten wir Höhlenfahren mit dem Skayboard, und ich sollte auch mit darauf fahren und es war in der Höhle zu eng und da hatte ich Platzangst bekommen, und ich fiel auch mit Absicht auf die Seite, und sie halfen mir. Ich sollte auch noch ein Mädchen unterstützen. Da machte ich es auch.
Bei einem anderen Spiel sollten wir erkennen was in

dem Luftballon versteckt ist. In dem einen war Sand in dem anderen war Watte darin. Was in dem dritten Luftballon war, konnte ich nicht raten. Das war ein bißchen zu schwer.
Die anderen mußten auf der Zeitung tanzen. Da machte ich nicht mit. Ich guckte nur zu zum Glück! Ich habe allen Leuten gesagt, daß es mir hervorragend gefallen hat. Ich fahre auch wieder mit.

„Mandala", von Hermine gemalt

Ein Jahr vorher war Hermine nach Frankenau zum Workshop eingeladen. Sie hatte einen Wettbewerb gewonnen. Im „Magazin" der Lebenshilfezeitung war ein Frauenbild. Das sollte nach eigenen Vorstellungen bemalt werden. Sie hatte es ohne mein Wissen gemacht, heimlich weggeschickt und den 1. Preis gewonnen. Das war eine Freude!

Meine Erlebnisse in Frankenau
Wir hatten eine schöne Nachtwanderung gehabt und wir hatten eine schöne Disko gehabt.
Und das gefiel mir besonders sehr gut und besonders gefiel mir das Theaterspiel und die Schattenspiele mit dazu.
Und was mir auch noch besonders gefiel das Entspannungstraining und das schöne Essen dort.
Und wir sind sehr gut verpflegt worden und ohne Musik herumgehüpft.
Und was mir noch besonders gefiel in der schönen Disko haben wir Abends einen schönen Eisbecher gegessen.
Und was mir noch besonders gefiel das mich ein schöner Mann der Holger hieß sehr gut bedient hat.
Und das schöne Zimmer war sehr kalt und ich schlief mit einer schönen Frau zusammen und das gefiel auch sehr gut.
Und am Anfang mußten wir alle gemeinsam warten bis die Kursleiterin kam und das war nicht ganz so gut.
Und meine Mutter regte sich verständlicherweise auf und ich bin auf dem Gebiet schon als Kind sehr empfindlich.
Und dann gingen wir gemeinsam in dem schönen Ort Frankenau spazieren und wir wollten gerade eine schöne Kirche angucken aber leider war sie zu.

Hermine hat seit geraumer Zeit ein neues Lieblingswort: „schön“. Es hält sich zäh in allen Schriftstücken und findet in „wunderschön“ eine Steigerung. Dabei kennt

sie eigentlich zahlreiche Eigenschaftswörter, die sie in Unterhaltungen gekonnt einsetzt.
Schaue ich ihr beim Schreiben über die Schulter und zähle „schön, schön, schön ...“, dann lächelt sie keck, schweigt und denkt möglicherweise: „schön ist eben schön!“
Und ich lasse sie, denn auch das gehört zum „selbstbestimmten Leben“.

Meine Sportfesterlebnisse
Ich war auch beim Zielwerfen nicht ganz gut und beim Slalomlaufen auch nicht ganz gut.
Und beim Medizinball weit werfen war ich die allerbeste und ich war auch beim Ringwerfen auch mit die allerbeste.
Und beim Hütchen einsammeln war ich auch die allerbeste und beim Fußball habe ich auch nur ein Tour geschafft.
Und das ganze Sportfest unter den Regenguß und Frau H und Helga G unserer Gruppenleiterinnen paßten auch sehr gut auf uns auf.
Und hinterher gab es für jeden zwei Bratwürste zuessen und es hat auch sehr gut geschmeckt.
Und dazu gab es auch eine schöne gelbe Banane und eine schön kalte Kaltschale zutrinken und ich durfte auch zum Glück auch im Förderbereich schön in Ruhe meine zwei Bratwürste essen und mein Liebsten Betreuer P hat es mir persönlich erlaubt.
Und zuletzt war auch noch wunderschöne Disko und es machte mir auch sehr großen Spaß.

Hermine malt Sportfesterlebnisse: „Ball ins Tor werfen"

In jedem Jahr unternimmt Hermine mit der Werkstatt eine Ferienreise, 1994 nach Heilshorn bei Bremen, 1995 nach Kulmbach, 1996 nach Pößneck, 1997 nach Geigant.
Da Hermine während der Reise keine Zeit hat, schreibt sie anschließend Erlebnisse auf.

Reise mit der Werkstatt nach Heilshorn bei Bremen (28.4. bis 5.5.94)
Wir sind um 9 Uhr von unserer Werkstatt losgefahren und es gab im Bus für jeden einen Verpflegungsbeutel. Wir waren so zwischendurch halb 3 Uhr in dem Hotel. Wir waren auf dem Heidepark in Bremen und dort sind wir durchgelaufen das hieß Soltau. Natürlich haben wir auch etwas gekauft was wir möchten, und das durften wir von Schwester Trautel

aus und hat es auch genehmigt, ich habe es ihr auch offen gesagt. Ich ging mit Schwester Traudel in eine Gondel und sie hat mir Hinweise gegeben wie ich mich in eine Gondel hinsetzen sollte. Wir waren beim Kegeln und ich war nicht gerade die Beste aber Hauptsache ich mache mit. Besonders hat mir die Disko gefallen und ich bin auch geblieben und haben auch sehr viel getanzt. Und jeder wollte mit mir tanzen natürlich waren einige Mitarbeiter eifersüchtig und auf mich sehr. Da bekam ich meine eigene Probleme aber der Dirk und ich nahmen es selbst in die Hand natürlich, waren auch andere Schwestern da, die mir zur Seite standen. Wo wir beim Kegeln waren fliebte Heike aus und der Dirk setzte sich für mich ein und alle andere Schwestern halfen mir über, auch wenn es Heike nicht gepasst hat. Der Dirk macht das viel lieber mit mir selber aus als mit Heike weil er mich auch sehr gerne hat. Ich fuhr mit dem Mathias im klein Bus mit ich freute mich sehr darüber und ich freute mich besonders das ich zu den Männern ins Zimmer rein durfte, vom Dirk aus. Ich habe einen festen Freund Wolfgang gefunden, den habe ich besonders lieb. Den kenne ich von meiner Kindheit schon und ging mit mir in einer Klasse und er geht mit mir intim natürlich werde ich weiterhin pflegen. Der andere Wolfgang wollte auch mit mir tanzen aber ich teilte ihm mit, das er nicht sauer sein soll wenn ich mit dem Wolfgang intime Freundschaft schließe. Er hat nichts dagegen einzuwenden aber trotzdem ist er eifersüchtig weil er mich auch liebt, ich kann mich auch nicht zerteilen erklärte ich ihm. Mir geht es so wie Heike das erklärte sie mir auch aber Axel erklärte mir das wir uns von Ferienlager her kennen und das ginge der Heike auch nichts an von unserer Freundschaft. Das wurde in Bremen mir auch mitgeteilt und im Bus wo wir die Rückfahrt hatten, und wir nach Ilmenau vor die Werkstatt fuhren. Mutti holte mich vor der Werkstatt wieder ab und ich freute mich auch wieder auf zu Hause. Meine Eltern erklärten mir beide das man sich auf die Reise erst freut und dann muß sich langsam an den Alltag wieder daran gewönnen.

Und nun noch einige Erinnerungen. In dem Vergnüngunspark war ich mit der Evelin, mit Heidi, mit der Ingrid zusammen in einem schönen Kutsche. Wir saßen in der Kutsche auf einer unbequemen harten Bank aber mir machte es schon etwas aus, weil mein Hintern sehr weh tat. Die Eliesabet ging mit mir immer zusammen wenn wir zu den Karussels gingen und wir waren auch bei dem Delfinarium, natürlich auch bei den Seelöwen, und bei den Fischen in einem schönen Haus drin. Wir sahen in Bremerhaven das U- Boot und dort besichtigten wir die Maschinen. Ich ließ die Männer vor natürlich traute ich mich nicht daran. Wir waren auch im Kaufhaus und dort kaufte ich mir meine Halsbonbons ohne Zucker immer wenn ich gedacht habe ich mußte es nehmen habe ich es gemacht. Wir gingen mit Schwester Trautel schön Kaffee trinken und ich bekam ein kleines Eis mit Früchten . Im Vergnügungsparck sahen wir Clowns es machte mir großen Spaß dabei und ich lachte nicht darüber weil die Betreurerinnen aufgepaßt haben da hatte ich etwas Angst gehabt. Aber ich ging mit Schwester Bärbel zusammen zum Kiosk und sie kaufte mir auch die Zeitung danach fuhren wir mit dem Bummelzug durch die schöne grüne Landschaft. Links und rechst standen schöne grüne Bäume und der Zug fuhr sehr langsam das war mein schönstes Erlebnis. Wir waren auch in der Gespensterbahn da hatte ich schon Angst gehabt, da konnte ich nicht anders und bin ich einfach mit der Schwester Trautel darauf gegangen. Ich war ziemlich nervös geworden ich habe es mir schon anmerken lassen aber ich bin noch lebendig herausgekommen.

Meine Erlebnisse in Kulmbach (1995)
Ich hatte meine Betreuerin Frau G, die uns mit Doris, Ingrid, Elisabeth und ich mit Evelin zusammen sehr gut betreut in der Frauengruppe.
Ich fühlte mich sehr wohl in der Frauengruppe und ich lag mit der Ingrid im Zimmer.
Ich freute mich sehr darüber, und ich würde wieder mit der Ingrid in einem Zimmer aber nur im Ferienlager zusammenziehen.
Mit der Frauengruppe machten wir viele schöne Stadtspaziergänge und gingen wir in ein Schloßmuseum. Wir saßen vor einem schönen Cafe und ich bestellte eine Tasse Kaffee, und bestellte noch selbstständig einen schönen Pflaumenstreuselkuchen dazu.
Wir liefen zu einem schönen Korbmuseum und wir machten eine schöne Führung mit.
Ich kaufte mir selbstständig einen schönen bunten Henkelkorb zum Einkaufen.

Und dann kaufte ich selbstständig ein schönes Buch ein und zwar Onkel Toms Hütte.
Und dann hatten wir jeden zweiten Tag Disko gehabt und das machte mir persönlich großen Spaß.
Mir machte es großen Spaß das P mit war aber in der Männergruppe und ich war auch mal unten.

Meine Ferienerlebnisse in Pößneck (1996)
Wir gingen gemeinsam an einen schönen Badeteich und ich machte meine Füße naß und die bösen Mükken haben meine schönen Beine zerstochen.
Am liebsten hatte ich den schönen Grillabend an einer verwilterten Freizeitwiese und konnten wir gemeinsam Selbstbeschäftigungen nachgehen und das gefiel mir besonders gut.
Wir machten auch viele schöne Museenbesuche und ganz besonders gefiel mir das Naturkundemuseum.
Es wurden viele Vögel ausgestellt und es war auch eine schöne Führung für uns Geschädigten ausgedacht.
Wir waren in einer schönen Museumsmühle und das war für mich am schönsten.
Am schönsten war auch mit der Evelyn zusammen in einem Zimmer zusammenzuliegen.
Ich packte die Koffer sehr gut aus und das habe ich noch nie gemacht.
Wir machten auch eine Disko und dann machten wir auch einen schönen Stadtbummel in dem Ort Pößneck.
Und dort bestellte ich einen Eisbecher mit Sahne und es schmeckte sehr gut.

Ich kaufte mir ein schönes Krimibuch „Der Wolf und die Taube" und das spielt in England eine schöne Liebesgeschichte, und die Schriftstellerin heißt Kathleen E. Woodiwiss.
In den Feengrotten waren wir auch gemeinsam und wir zogen unsere Mäntel an.
Und am liebsten machten wir das Kreative Basteln mit Gasblech (Gasbeton) *und ich schnitzte ein schönes Haus und das machte ich ohne Unterstützung von den Betreuern.*

Meine Ferienerlebnisse in Geigant (1997)
Mein schönstes Erlebnis war das ich mit P Federball spielen durfte auf der Terrasse.
Und dann war mein schönstes Erlebnis daß P mit mir zusammen auf der Disko getanzt hat.
Und dann war auch noch mein schönstes Erlebnis das wir gemeinsam in die CSSR gefahren sind und auch bei einer wunderschönen Dampferfahrt in der Ortschaft Regensburg. Und Regensburg hat eine eigene Geschichte warum das so heißt weiß keiner.
Und ich habe mich auch sehr gefreut das wir gemeinsam nach Waldmünchen gelaufen sind und vielen Dank das Du (P) uns allen den Weg gezeigt hast und darüber habe ich mich sehr gefreut darüber.
Und das Du (P) mich gerettet hast in dem Erlebnispark bei einer hektischen Biene und endlich habe ich zweimal Eis gegessen und da habe ich mich am meistens gefreut darüber. Und ich habe mich auch sehr gefreut das ich mit C auf einer Wasserkondel gefahren bin.

Und ich bin mit M bei einem Spiegelkarusell herumgelaufen und dann sind wir mit dem Flugzeug in die Lüfte rauf und runter geflogen und wir haben von oben die wunderschöne grüne Landschaft angeguckt.
Und nach mein Gefühl kribbelte es in meinem Bauch schrecklich.
Und die Märchenerzählbilder haben mir auch besonders gut gefallen
und da konnte ich mich sehr gut an meine Kindheit erinnern.

Mit der Selbsthilfegruppe in Bad Colberg
(1.bis 3.5.98)
Und wir waren mit der Selbsthilfegruppe in Bad Colberg und wir machten auch viele wunderschöne Spaziergänge.
Und dann waren bei einem sehr schönes Backofenfest und beim Regen natürlich und das war für mich am schönsten.
Und ich war sehr glücklich darüber und ich freute mich wie ein Kind.
Und am schönsten war noch das wir am Abend viele schöne Gesellschaftsspiele gespielt haben.
Und wir hatten eine wunderschöne Lesestunde gehabt und das gefiel mir auch sehr gut.
Und es war auch ziemlich lustig dabei und es war auch eine lustige Gesellschaft.
Und da können Sie auch eine Kur machen und das soll auch sehr gut sein und da ist auch eine Terme zum abwechseln baden und da werden Sie auch sehr gut verpflegt mit dem Essen.

Und sie sind auch sehr freundlich mit den Behinderten und wir waren richtig glücklich darüber.

Hermine mit Buch

III. Briefe

Die Post kann an mir reich werden!

Hermine hütet ihre große Briefsammlung. „Das ist meine Privatsphäre“. Recht hat sie. Ich akzeptiere diesen Wunsch. Was den sogenannten Großen der Menschheit recht ist, soll auch Hermine billig sein. Wenige ihrer Briefe hat sie „freigegeben“.
Aber ein wenig schade ist es schon, denn Hermine öffnet guten Freunden und Vertrauten in Briefen ihr Herz. In Briefen kann man sie kennenlernen und viel über sie und ihr Umfeld erfahren.
Allerdings können ihre Briefe auch Tücken haben. Sie schreibt manchmal in verletzender Offenheit. Ja, diese Briefe können zu Verstimmung und Ärger führen. Für den Satz: „Sie sind ein Schwein, auf Deutsch gesagt!“ gab es endlose Gespräche, ein Entschuldigungsschreiben war nötig, Diskussionen um Wahrheit und Taktlosigkeit führten nicht zur Einsicht.
Auch ihre Lesekunst kann eine Falle sein. Ein Beispiel: Hermine geht gern allein einkaufen, nicht in den Supermarkt, sondern in den kleinen Laden, den es noch in unserem Wohngebiet gibt. Dort wird sie freundlich begrüßt, und sie kann in Ruhe alles selbst aussuchen. Einen Einkaufszettel hat sie immer dabei. Fettarme Milch und Butter will sie kaufen. Butter kann sie im Regal nicht finden. Was tun? Sie nimmt einen Würfel Margarine, „marina“. Die Marke kennt sie noch aus DDR-Zeiten. Noch etwas ist aufgedruckt, zweimal auf jeder Würfel-

seite „Für jeden Haushalt ideal!“ Das hat Hermine noch auf keiner Butterpackung gelesen. Sie überreicht mir daheim freudestrahlend Milch und Margarine: „Mutti, ich hab was besseres als Butter gefunden. Sieh mal, was da draufsteht!“
Ja, den Erfolg kann die Werbung für sich verbuchen!

Die ersten Briefe stammen aus dem Jahr 1967. Da war Hermine 12 Jahre alt und in der 5. Klasse der Hilfsschule.
Die 500 Briefe von 1967 bis 1995 liegen als „Buch“ vor. Ich ließ die Sammlung binden, eine Überraschung zu Hermines 40. Geburtstag.

Briefe von 1967 bis 1970

Vater war in dieser Zeit in Berlin. Hermines Sehnsucht war groß. Sie verschwand oft im Kinderzimmer, baute Puppen und Tiere vor sich auf, unterhielt sich mit ihnen und schrieb an Vater.

7.11.67
Lieber Vati!
Ich freue mich sehr, daß Du kommst. Ich gehe am Donnerstag in die Festhalle. Wir haben ein Film gehsen. Das hat mir geffalen der erste Film war schön der zweite Film war zwar auch schön aber das war sehr traurig. Wir haben wieder ein Pfanekochen gegessen. Das hat geschmeckt. In Leipzig hast mir gefallen.
Deine Hermine und auch Schwester.

23.1.68
Lieber Vati!
Vor einer Stunde bist Du weggefahren. Ich liebe Dich!
Am Geburtstag dencke ich an Dich.
Alles Gute wünsche ich dir. Das Kästchen ist von mir.
Deine Freundin Hermine.

15.11.68
Lieber Vati!
Meine Mutti schläft in mein Bett. Die schnarcht immerzu daß kann ich nicht leiden …
Deine Hermine

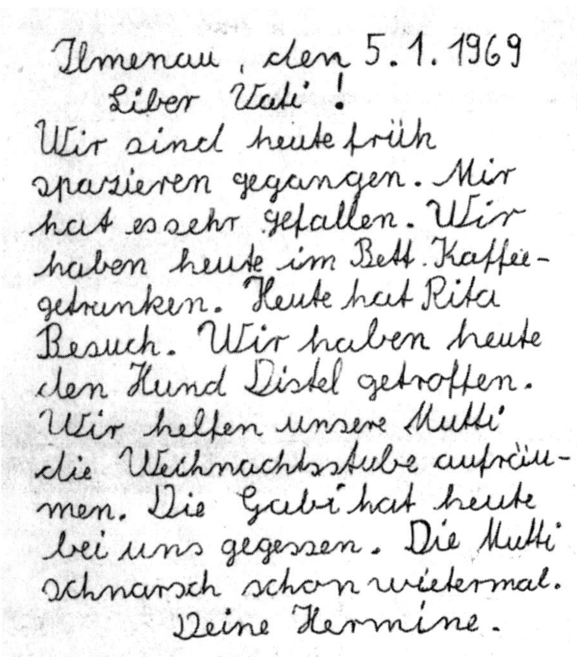
Ilmenau, den 5.1.1969
Liber Vati!
Wir sind heute früh spazieren gegangen. Mir hat es sehr gefallen. Wir haben heute im Bett. Kaffee-getrunken. Heute hat Rita Besuch. Wir haben heute den Hund Distel getroffen. Wir helfen unsere Mutti die Weihnachtsstube aufräumen. Die Gabi hat heute bei uns gegessen. Die Mutti schnarsch schon wietermal.
Deine Hermine.

23.1.69
Lieber Vati!
Die Mutti schläft im Bett. Sie schnarcht nichtmehr, das ist ja ein Wunder...
Deine Hermine

3.4.70
Lieber Vati!
Es schneit bei uns. Weißt du das neuste? Die Mutti hat eine Grippe. Sie liegt im Bett. Mein Zahnfleisch tut wieder weh. Unten ist es. Es stürmt bei uns. Wir spülen jeden Tag. Wir besorgen den Haushalt. Ich habe Sehnsucht nach dir. Heute spiele ich Kasperbupen. Das macht Laune. Heute hatte eingekauft, dann habe ich den Hausflur und die Treppe gescht, und abgetrocknet, und Klavier geübt. Du kannst unbesorgt sein. Ich höre fast jeden Tag Radio.
Deine Hermine

Auch ihre „Lieblingsoma" in Nürnberg wird von Hermine mit neusten Nachrichten bedacht.

10.11.1969
Liebe Oma!
Ich übe Weihnachtslieder auf dem Klavier. Der Vati ist heute gerade weggefahren. Heute nachmittag war ich zur Gümastik. Die Vögel sitzen bei uns im Futterhäuschen. Sie freuen sich.
Die Mutti häkelt den Polover für die Claudia. Kenst Du die Gunda noch? Sie war am Sonntag da. Da haben wir Puppen gespielt.

Das ist ja gar nicht schön, daß Du liegen mußt. Du kannst ja nichts dazu. Das ist ja so ein Leben! ...
Viel Besserung wünsche ich sehr.
Deine Hermine

11.12.69
Liebe Oma!
Bei uns liegt Schnee!
Vielen Dank über die Karte. Da habe ich mich sehr darüber gefreut. Meine Mutti ist in die Stadt zum Weihnachtsmann gegangen.
Was Du hast ja auch was zu Weihnachten geschiekt? Das soll von meiner Puppe sein. Da bin ich aber gespannt. Die Claudia ist mit Jutta zum Kieferotubett Doktor Schmidt und ich bin alleine zu Hause.
Alles ist ruhig. Ich habe keine Lust mehr.
Deine Hermine

Briefe von 1971 bis 1980

Hermines Briefwechsel erweiterte sich, Freunde und Bekannte kamen hinzu.
Im Juli 1972 wurde Hermine nach zehnjähriger Schulzeit aus der Hilfsschule (jetzt Schule für Lernbehinderte) entlassen.
Seit September 1972 arbeitete Hermine als Hilfsarbeiterin in der Geschützten Betriebsabteilung des VEB (Volkseigner Betrieb) Thermos Langewiesen, der ersten Geschützten Betriebsabteilung des Kreises. Die Tätigkeiten spiegelten sich in fast allen Briefen wider. Da werden „Stöpsel gedreht“, „Hülsen ausgepackt“, „Schaumgummi eingelegt“ und „Gummis aufgezogen“.

Heute, am 4.3.98, ist auf einem Foto in der „Thüringer Allgemeinen“ zu sehen, wie die letzten Mauern der Thermos in Langewiesen der Abrißbirne zum Opfer fallen. Die Geschützte Betriebsabteilung gab es bis zur Wende 1989.
Am Ende ihrer Schulzeit bewegte Hermine auch der Gedanke, was wird aus mir nach der Schule? So ist gewiß der Brief an Goyko Mitic zu erklären. Ihm war sie, dem Indianerhelden aus den Filmen ihrer Kindheit, in Berlin begegnet und hatte sogar ein Autogramm von ihm bekommen. Er sollte ihr bei der Arbeitssuche nach der Schulentlassung helfen. Hier ist der Brief an Goyko:

Lieber Gojko Mitic!
Ich möchte bitte von Dir die Adresse aus Jugoslavien und bitte mit Schnellpost wenn es geht. Und von allen Dingen Paßbilder möchte ich von dir und deiner ganzen Familie haben. Ich bin schon informiert wann und wo deine Indianerfilme gespielt. Ich finde du spielst Klasse. Wir alle finden deine Filme sehr sehr schön. Ich gucke auch wenn der neue Indianerfilm von dir kommt. Die Telefonnummer von Jugoslavien möchte ich auch haben. Vergesse es aber bitte nicht. Also ich warte schon lange darauf. Ich sehe dich sehr gerne.
Mein Vati hat mir aus Berlin 3 Bilder von dir mitgebracht. Du siehst auf den 3 Bildern sehr gut aus. Ich zeige es aus der Umgebung. Die Nachbarschaft fragen mich immerzu ausführlich aus wo ich die Bilder her habe und ich werde ganz rot im Gesicht. Mal eine Frage: Ich habe neue Filzstifte von drüben

aus der BRD bekommen. Darin sind 2 Bilder von dir drinne. Die folgende Frage heißt nun bist du das oder nicht? Denn unsere Jungs aus meiner Klasse wollen es bestreiten ob du das bist. Aus meiner ganzen Klasse bin ich wie erschlagen. Ich versuche alles was ich kann bitte helfe mir doch aus der Klemme. Ich weiß kaum noch vor und zurück. Ich würde mich doch sehr darauf freuen ich wollte in Berlin arbeiten. Geht es denn? Wenn es möglich ist will ich im Singeklub und Peatgruppe arbeiten. Ob ich da ein Zimmer bekomme? Erkundige dich einmal wenn es zu machen geht soll unbedingt ein Hochhaus sein da will ich mich dich kennenlernen. Ich rufe dich anrufen wann bist du in deinem Arbeitszimmer? Wann besuchst du mich mal außer Mittwoch da gehe ich leider weg. Ich will Dich auch einmal besuchen. Eigentlich wollte ich mehr wissen aber ich habe keine Lust.
Viele Grüße auch an Deine Kollegen.
Deine Hermine

Wann hast Du Deinen Geburtstag? Welchen Monat und Datum?

Auch Vater bekommt regelmäßig Briefe, wenn er nicht daheim ist.

26.2.73
Lieber Vati!
Am Sonnabend sind wir nach Dresden gefahren. Wir sind zur Kunstausstellung mit Hans Albrecht mit Frau

gegangen. Das war auch sehr schön. Da haben wir viele Bilder gesehen. Danach sind wir mit der Straßenbahn gefahren....
Im runden Kino sind wir auch gewesen. Der Film hieß : Copernikus. der Film war toll. Dann war wir im Kulturpalast. Erst Orgel und E moll Konzert von Heiden war das Programm.
Dann ins Große Haus spaziert. Das Theaterstück hieß Wildschütz. Das war lustig.
Ich hatte vom Betrieb 25 Mark Jahresprämie gekriegt. Und dafür habe ich ein Bild und eine Stola mit Silberfaden geleistet.
(Es waren nicht nur 25 Mark. Das Bild, „Peter im Tierpark", hängt heute noch über Hermines Bett.)
Na ja im Betrieb geht es soweit sehr gut. Erst mußten wir Hülsen auspacken. Dann wieder Bescher sauber machen. Heute gab es wiedermal Streit. Es ging wieder um Frau E....
Du ich habe deine Taschentücher gebügelt.
Ich denke oft an dich. Denkst du auch bestimmt an mich? Du fehlst mir sehr. Ich brauche dich daß du mich tröstest.
So nun Schluß für heute alle kleinen Leute.
Deine Hermine

17.1.79
Lieber Vati!
Ich wollte Dir eigentlich nicht schreiben. Weil du jetzt keine Aufregung gebrauchen kannst. Du mußt jetzt die Kur erfolgreich abschließen und dich erholen. Aber einmal erfährst du es doch wie es um mich

steht. Ich habe doch am vergangenen Sonnabend gearbeitet, daß schrieb ich dir doch. Wo ich halb 2 Uhr an der Bushaltestelle stand, da kam der Bus ewig nicht und ich stand und fror erbärmlich. Da holte ich mir eine Erkältung. Aber du kannst beruhigt sein, ich habe kein Fieber dabei. Ich liege den zweiten Tag im Bett und fühle mich sehr langweilig. Ich bin allein jetzt allein zuhause. Mutti ist in der Schule. Sie kommt halb 1 wieder.

Drücke mir die Hand, daß ich wenigstens aufstehen kann.

Deine Hermine

Ich selbst bekam seltener Post von Hermine, weil ich immer bei ihr war. 1980 lag ich einmal wegen einer kleinen Nasenoperation im Krankenhaus. Da kam dann auch mal ein Brief an mich.

20.9.80

Liebe treue Mutti!

Uns geht es ausgezeichnet und Dir? Ich mache jeden Tag Dampfbäder und jeden Tag gurgel ich. Du siehst also es geht glatt, ich bin trotzdem, ganz froh wenn Du wieder, da bist. Am Dienstag habe ich Deckel eingedrückt. Am Nachmittag machte ich Kaffee, für die Maler und ging dann meiner Freizeit nach. Am Abend wusch ich auf und Vati half beim Abtocknen, dann ging er zum Empfang. Ich guckte die Elternsprechstunde an, machte danach Hometrainer und guckte alles im Garten an und leistete ein Bier.

Am Mittwoch drückten wir Deckel ein und am Nach-

mittag setzte ich wieder Kaffeewasser auf und ging dann zur Tante Liesel, und dort aßen wir ein Stück Rosinenkuchen und ich bekam von ihr Himbeersaft zu trinken. Ich las ihr aus der FF vor und bekam zuletzt noch ein Schnäpschen zu kosten. (FF war ihre Fernsehzeitung. Aus dieser Zeitung schrieb Hermine ganze Seiten ab.) *Am Abend machte ich die Küche und guckte eine Abendteuerserie an dazwischen, machte ich Hometrainer und guckte Alltag im Westen und den Krimi an.*
Am Donnerstag habe ich Deckel eingedrückt und am Nachmittag ging ich meiner Freizeit nach. Am Abend machte ich die Küche und guckte Visite Prisma und eine Unterhaltungssendung an. Am Freitag habe ich Deckel eingedrückt, gekehrt, eingedrückt und zuletzt Hülsen ausgepackt.
Am Nachmittag trank ich mit Vati Kaffee.
Deine geliebte Hermine

Frau Thiene lernten wir auf der Jaltareise im März 1980 kennen. Wir sind ihr bis zum heutigen Tag freundschaftlich verbunden.

14.9.1980
Liebe Frau Thiene!
Vielen herzlichen Dank für dein liebes Päckchen, den ich am Sonnabend bekam. Ich habe mich sehr gefreut darüber über Priefpapier und den großen Kugelschreiber dazu. Das hätte ich nicht gedacht von dir. Über die Karte habe ich mich auch gefreut darüber. Immer wenn du mir schreibst ist es interessant. Ich

werde immer in Gedanken bei Heiner bleiben.
Gestern sind wir spazieren gegangen. Es ist ja trotzdem kalt.
Ihre Hermine

In dieser Zeit schrieb Hermine mit Begeisterung Artikel aus ihrer Fernsehzeitung (FF Dabei) ab. Vielleicht war das auch ein Grund, daß sich Hermines Wortschatz erweiterte. Es war nicht einfach für sie, die Zeitung zu organisieren. Erst nach langen Wartezeiten oder mit Beziehung bekam man ein Anrecht.
Etwa aus der gleichen Zeit stammt dieser Lehrertagsgruß an mich:

12.6.80
Liebe gute Frau Mutter!
Ich gratuliere Dir zu Deinem Lehrertag und wünsche dir immer gute Kollegen und Schüler. Und ein gutes Herz und ich bedanke mich für die Erziehung und betreuung des Klubes.
Deine liebe Tochter Mine.

Seit 1976 war einmal im Monat Klubtag. Die Arbeit fiel aus. Alle Rehabilitanden des Kreisgebietes kamen ins Klubhaus in Ilmenau auf die Weimarer Straße. Dort wurde gesungen, gebastelt, gespielt, gelernt und getanzt. Ich hatte erkannt, daß Freizeitangebote für Behinderte fehlten und gründete mit Unterstützung des Kreisarztes und mit Einverständnis der Betriebe, in denen die Behinderten in Geschützten Betriebsabteilungen arbeiteten, den Rehaklub.

In den Jahren von 1971 bis 1880 bekamen auch Claudia, Peter, Gottfried, Lore, Hanne, Eva, Gertraud, Werner, Frau T. Andreas, Christel, Günther und sogar der damalige Präsident der Vereinigten Staaten, Carter, Post von Hermine. Doch leider gilt für diese Schreiben: Briefgeheimnis! Privatsphäre! Nicht feigegeben!

Briefe von 1981 bis 1990

Zweimal war ich mit Hermine zur Kneippkur, einmal in Stützerbach und einmal in Heiligenstadt. Im Jahr 1981 fuhr ich zum ersten Mal allein zur Kur nach Heiligendamm an die Ostsee.
Hermine fuhr in der Zeit 14 Tage in ein Ferienlager in die Rhön, 14 Tage war sie dann mit Vater allein zu Hause.
Dörrensolz war ein Ferienobjekt der Kalikumpel. Behinderte Kinder und Jugendliche durften es nutzen.

30.5.81
Liebe Mutti!
Ich habe mich sehr gefreut, daß ich mit dir sprechen konnte. Du brauchst dir bitte keine Sorgen um mich zu machen, ich bin wohlauf. Ich werde das schon deichseln irgendwie, es klappt schon alles. Hauptsache Du wirst bald gesund und Du kommst wohlbehalten wieder zu uns. Ich freue mich sehr, wenn Du wiederkommst, das Claudia kommt freu ich mich natürlich auch. Erhole Dich gut bis bald!
Deine Mine.

Dörrensolz, den 3.6.81
liebe Mutti!
Hier gefällt es mir sehr gut und bin gut angekommen. Doris hilft der Schwester Jutta und Ilona zusammen. Das Essen ist gut und reichlich und schwitzen wie die Affen. Gestern gingen wir im Wald und sonnten uns und gingen ins Kino. Es wurde ein Trickfilm gezeigt und morgen Abend haben wir Disko.
Bist eine gute Mutter!!!
Dein Minchen.
Viele Grüße von Frau H.

12.6.81
Liebe Mutti!
Ich bin gut zuhause angekommen. Und Claudia empfang mich. Ich badete mich und ging gleich ins Bett. Ich hatte schon dort meine Haare gewaschen. Claudia schmierte mit Haarwasser mein Kopf ein und habe mein Knie gekühlt. Und habe es immer hochgelegt, wenn ich Gelegenheit hatte. Du brauchst Dir wirklich keine Sorgen zu machen, ich bin nicht erkältet. Es war wirklich sehr schön und abwechslungsreich wenn es wieder klappen würde fahre ich mit. Aber nur wenn Platz frei ist, und habe ein Freund gefunden, er heißt A und ist 11 Jahre alt....
Wir hatten am Montag Sportfest gehabt und ich habe den ersten Platz belegt. Und habe eine Urkunde bekommen und eine Kette.
Ich habe der Claudia im Haushalt geholfen, Kartoffeln geschält gewischt den Korridor und die Treppe, mein Zimmer und oben den Flur gesäubert. Aufgeräumt

habe ich auch den Abwasch habe ich ganz alleine gemacht.
Tschüß bis bald!!!
Deine Minemaus

Im März 1982 waren Hermine und ich in Bad Karlsbad.

Karlsbad, den 28.3.82
Lieber Onkel Gottfried!
Uns geht es sehr gut hier in Karlsbad, wenn wir in die Stadt wollen, müssen wir mit dem Bus fahren. Es ist eine menschenvolle Stadt, daß hätte ich nicht gedacht, aber sie sind hilfsbereit und sehr freundliche Leute. Da kann man nur sagen alle Achtung und man kann den Hut ziehen, von ihnen.
Unser Heim Dimitroff liegt direkt vor dem Wald, es sind viele Wanderwege zu sehen. Mutti und ich sangen Wanderlieder dazu. Daß Essen ist sehr schmackhaft zubereitet und schmeckt viel zu gut. Bevor man in das Heim kommt ist ein Schwanensee und darauf schwimmt ein Schwan und an dem Rand, brütet er kleine Kücken aus. Ansonsten ist die Stadt sehr sauber, da kann sich die DDR eine Scheibe abschneiden, daß kann ich Dir sagen.
Mutti hat vorhin eine Gasspritze bekommen und jetzt ein Strudelbad.

Im Januar 1982 wird Wieland, Hermines Neffe, geboren. Von nun an erzählt Hermine in den zahlreichen Briefen nicht nur „vom Betrieb", der Thermos, sondern auch von Wieland.

Wieland und Hermine im Garten

Hermine und Wieland korrespondierten eifrig miteinander, auch als Wieland noch garnicht lesen konnte.

12.1.85
Lieber Wieland!
Ich habe mich sehr über Deine Karte gefreut, da hast du aber schön geschrieben. Ich freue mich sehr daß du im Kinderganrten Freude hast. Ich freu mich sehr daß du nächste Woche mit deiner Mama zu mir kommst, da kannst du mir viel erzählen was du im Kindergarten erlebt und was du gesungen hast. Singst du mir auch mal daß Lied was du gelernt hast vor? Ich möchte es auch mal hören und hast du auch ein Lieblingsspielzeug?
Deine Hermine

16.1.89
Lieber Wieland!
Ich möchte dir zu deinem Geburtstag gratulieren und viel Gesundheit wünschen. Und natürlich und viel Freude in der Schule. Was machst du mit dem Knie lieber Hans beim Tanz? Ich gehe viel mit Oma im Wald spazieren. Ich soll dich vielmals grüßen und die Bäume höre ich rauschen. Der gute Opa holt mich von der Schwimmhalle ab.
Viele Grüße an deine Eltern!
Deine Hermine

Kleine Bildungsreisen nach Dresden und Leipzig unternahm ich regelmäßig, erst mit beiden Kindern und später mit Hermine allein.
Interessante Aufenhalte hatten wir auch mit dem Reha-Klub in den Jugendherbergen Erfurt, Weimar, Eisenach und Zella-Mehlis. Diese Jugendherbergen waren für uns von Ilmenau aus gut zu erreichen.
Frau Thiene, die Reisefreundin aus dem Jahr 1980, mußte alles erfahren.

6.3.1987
Liebe Frau Thiene!
Ich fuhr mit Mutti 3 Tage nach Dresden und nach Leipzig für 4 Tage. in Dresden erlebten wir: einmal Kino es wurde gerade den Musikfilm Carmen gespielt. Wir waren im Hygienemuseum und dort war es sehr interessant gewesen. Wir haben auch ein Vortrag über die gläserne Frau gehört.
Im Kulturpalast spielte das große Synphonieorchester

und in die Gemäldegalerie, danach in das Grüne Gewölbe.
Wir wohnten im Hotel Königstein und dort war die ganze Atmosphäre nicht so gut. Es ist jedenfalls nicht zu empfehlen.
Wir hatten herrliches Wetter und strahlenden Sonnenschein gehabt. Wir sahen den Zwinger von außen, es ist wiederholungsbedürftig und Mutti war noch in der Semperoper.
In Leipzig war ich beim Heilpraktiker und gleich am ersten Abend waren wir im Theater. Es wurde gerade eine Operrette „Wiener Blut“ gespielt, das hat mir besonders gefallen.
Am Sonnabend waren wir im Gewandhaus und dort wurde eine Stunde Orgelmusik gespielt.
Am Abend wurden wir von einer Freundin von Mutti, eingeladen und am Sonntag kauften wir Platzkarten, ansonsten war Ruhe.
Viele Grüße von Mutti!
Deine Hermine

1.11.1987
Liebe Frau Thiene!
Vielen herzlichen Dank für Deine Gratulation. Da habe ich mich sehr gefreut darüber. Auch wenn es verspätet ankam. Deswegen freue ich mich genauso darauf. Mit dem Klub hatten wir eine Ausfahrt nach Zella-Mehlis gehabt. Es war sehr schön und viele erlebnisreiche kulturelle Erlebnisse gehabt. Wir fuhren mit dem Sonderbus nach Suhl, Oberhof, Meiningen und in Suhl war Zauberkunst. In Suhl

waren wir im Hochhauskaffee und dort schauten wir von oben, die ganze Stadt an. In Oberhof guckten wir die Bobbahn, Rodelbahn und Schanze. Da waren gerade die Trainingsläufe auf Matten vorgesehen. In Meiningen war Theaterbesuch vorgesehen und das Stück „Jahrmarkt".
Deine Hermine

Famlie B ist weggezogen. Sie wohnten auf unserer Straße. Hermine ist darüber traurig.

29.6.90
Liebe B's!
Immer gehe ich früh und mittag an die Arbeit und dann gehe ich nachhause.
Wenn ich jeden Tag die Gartenstraße runter und rauf gehe da gucke ich sehr oft an Eure Haus natürlich sehnsüchtig.
Ich denke sehr viel an Euch und wir hatten immer etwas zu erzählen ...
Ich bin jetzt sehr gleichgültig geworden und das lernt man mit der Zeit. Manchmal klappt es da bin ich sehr froh darüber und manchmal klappt es nicht darüber bin ich ein bißchen traurig.
In der Arbeit geht es auch so weit gut und mache zur Zeit Wurstdärme. Da schneide ich selber mit dem Messer die Wurstdärmer zu und feuchte es naß an. Einmal verletzte ich mich mit der rechten Hand mit dem 4. Finger und zwar bei dem Festbinden.
Heute hatten wir einen Kindergartenbesuch und sie guckten zu wie wir arbeiten. Wenn jemand zu mir

guckt wenn ich arbeite, werde ich nervös und es wurde auch noch ausführlich erklärt. Das wurde mir zu viel und da bin ich ausgerückt davor.

Bei dem schönen Wetter sitzen wir im schönen Gärtchen und das mache ich sehr gerne.

Gestern machte Mutti eine schöne Obstkaltschale und das hat sehr gut geschmeckt....

Nächste Woche am 7. Juli haben wir vom Behindertenverband eine Sommerfestveranstaltung. Drückt uns die Daumen das wir schönes Wetter haben und wir brauchen es dringend, da kommt auch der kleine Wieland mit. Da freue ich mich schon sehr darauf und das Wieland mitkommt. Da hat Wieland auch schöne Ferienerlebnisse bei uns und wir hoffen alle daß er sich bei uns wohlfühlt. Und das er viel über uns erzählt in der Schule er schreibt sogar seine Ferienerlebnisse auf.

Opa sagte einmal das wir gemeinsam etwas mit dem Auto unternehmen, natürlich nehmen wir Wieland mit und wir wollen nach Stützerbach fahren ins Freibad und danach trinken wir Kaffee in einer Gaststätte. Darauf freue ich mich schon sehr darauf wie ihr euch denken könnt und so etwas macht mir großen Spaß.

Wieland hat wieder mal diesen Hustenanfall bekommen und das ist weniger schön. Er muß wohl es vom Opa geerbt haben denn sein Opa hat das auch diese Luftbeschwerden.

Mein Vati bekommt zur Zeit Aufbauspritzen und Mutti fährt ihn in die Poliklinik deshalb gehe ich der Mutti mehr zur Hand als sonst.

Ich bediene Vati recht gut mit dem Abendbrot und ich sitze auch gern neben meinem Vati. Da er auch Zuwendung braucht nicht nur ich das weiß ich auch, da ich mich auch dem Vati zuwende freut er sich sehr. Und ich natürlich auch, da er mich auch sehr lieb hat habe ich ihn genauso lieb. Mutti natürlich auch. Bei Mutti kann ich auch Frauenprobleme anschneiden was ich bei Männern nicht machen kann. Da ich manchmal sehr verklemmt und ängstlich bin das ist ganz natürlich.
Ich denke manchmal ob ich etwas falsches sage oder nicht und wenn man mal nichts weiß da fragt man lieber, als wenn man etwas falsch macht.
Heute Vormittag half ich Mutti beim Gras mähen und ich hielt die Litze natürlich ging ich immer hinter der Mutti her. Mutti gab Anweisungen wie ich es machen sollte und so machte ich es auch.
Eure Hermine

Briefe von 1991 bis 1998

Hermine eroberte den Computer. Für mich war es eine Überraschung und für sie ein Erfolgserlebnis. Wieder einmal hatte ich Hermine unterschätzt. Sehr schnell konnte sie Dateien finden, die Maus bewegen, verbessern, speichern und drucken. Ihre Lieblingsbeschäftigung ist seit 1994, am Abend eine Stunde am Computer Briefe zu schreiben.
Kein Mensch ist sicher, von Hermine Post zu bekommen. In den Jahren von 1994 bis 1997 hat sie an die 1000 Briefe verfaßt, auf der Festplatte und in 4 Dateien gespeichert. Es ist kein Ende abzusehen.

Nebenher entstehen auch noch handgeschriebene Briefe. Hermine schreibt sie oft im Bett, wenn sie krank ist, nach dem Mittagschlaf oder abends vor dem Einschlafen. Am Morgen werden sie heimlich gefaltet, adressiert, im Arbeitsbeutel versteckt und direkt oder auf Umwegen zu den Empfängern gebracht.

Hermine am Computer

Und wie bei sogenannten „normalen" Menschen gelingen die Briefe einmal gut und einmal nicht so gut.

Hanne bekommt von Hermine seit vielen Jahren Briefe. Von ihr erzählt sie auch in den Reiseerinnerungen (Ückeritz 1959). Hanne wird von Hermine geliebt! Wie am ersten Tag!

20.9.1993
Liebe Hanne!
Ich möchte bitte mich auch einmischen dürfen nicht nur Wieland und ich hörte eine Sendung im Radio an

alles über die Nichtbehinderte und Schwerstbehinderte zusammen das wir auch uns einmischen die Erwachsenen machen es doch auch und warum wir nicht?
Wieland unterhält sich mit mir sehr gern über die Schule. Wieland kann auch sehr gut telefonieren und ich auch, wenn Mutti nicht da ist nehme ich den Hörer ab und habe Telefondienst.
Ich habe auch an Töpferkurs teilgenommen und es hat mir sehr gefallen natürlich nehme ich den zweiten Kurs auch mit teil.
Ich war auf der Waldstraße (Behindertenwohnhaus) *und mir hat es sehr gefallen wenn Mutti auch wieder auf Urlaub geht gehe ich wieder auf die Waldstraße und dort machten wir auch Ausflüge zusammen und zwar Stützerbach, Schmiedefeld und Pörlitzer Höhe natürlich war dort ein Vergnügungspark mit vielen bunten Lichtern am Karussel und ich she auch an den vielen schönen Reklamen einmal geht es an und einmal geht es aus.*
Natürlich wechselt auch das Wetter in Stützerbach hat es geregnet in Schmiedefeld war es sehr wechselhaft einmal war strahlender Sonnenschein und manchmal hat es geregnet zeitweise mir hat es trotzdem gefallen Blasmusik ist überhaupt mein Geschmack bei den Herzbuben war ich auch.
Leider habe ich auf der Waldstraße zugenommen und muß wieder etwas abnehmen natürlich ein bißchen bewegen übertreiben soll ich nicht aber auch nicht immer im Bett bleiben damit mein Kreisauf angeregt wird.

Hermine hat bei dem Brief sicher schnell weitergedacht und hatte daher keine Zeit Punkte oder Kommas zu setzen.

September 1993
Liebe Hanne!
Ich bin gleich nach der Reise nach Inzell krank geworden und wir wollten Mutti und ich nach dem Vogtland fahren da habe ich geweint und ich war völlig durcheinander ich habe es schon gemerkt. Mutti stellte fest das man nie genau weiß was Sache ist bei mir. Wo sie recht hat hat sie recht aber manchmal ich auch, Mutti toleriert das auch und es gefällt mir auch sehr.
Ich lasse mich auch sehr gern vom Mann bedienen aber Vati klärte mich auf ich bin doch keine Prinzessin auf den Erbsen. Ich guckte ihn groß an und ich war sehr still natürlich hörte ich zu was er mir sagte sonst erklärte mir Vati das ich mich viel bewegen soll und nicht viel essen was ich nicht gerne höre das Thema ich lenke dann sofort ab.
Eure Hermine

5.3.94
Liebe Claudia!
Heute kam Deine Post. Wir freuten uns sehr darüber. Wir haben schon die Gartenmöbel herausgesucht. Du staunst, daß ich auf dem Computer schreibe bitte erzähle es Georg und Wieland auch. Mutti ist nicht dabei. Mit der Maus übe ich auch schon. Da bin ich auch sehr stolz darüber wie ihr euch denken könnt.

Ich habe mich sehr über dein Anruf gefreut da ich mit dir alleine Reden konnte da Mutti nicht da war.
Deine Hermine

Hermine, Wieland und Claudia

15.6.94
Lieber Wieland!
Mir geht es zeitweise gut und manchmal nicht ganz so gut natürlich in der Arbeit machen wir Wäscheklammern und Hüttchen die mache ich sehr gerne.
Die Wäscheklammern sind sehr unterschiedlich manche gehen leicht und manche schwer und ich bin sehr froh, wenn sie leicht gehen, da brauche ich mich nicht so anzustrengen.
Ich habe heute Mittag Spinat Rührei und Kartoffeln gegesen und wenn es mir jemand sagt das ich dick bin bin ich etwas depremiert.
ich selber bin nicht gerade froh darüber aber für mich ist es kein schönes Thema.

Ich bin der Meinung das Träume sehr wichtig sind da kann man sich abreagieren und einfach akzeptieren das es zum Leben dazugehört das wäre ganz normal. Das Denken ist sehr wichtig, nicht nur für nicht-behinderte sondern auch mehr für und Schwer-geschädigte und Behinderte zusammen, eigentlich gehören beide als gleichberechtigte Bürger zusammen, aber leider werden wir auch manchmal diskriеminiert.
Deine Hermine.

27.6.1995
Liebe Mutti!
Zu Deinem Geburtstag gratuliere ich Dir ganz herzlich und wünsche Dir das allerbeste in Deinem weiteren Leben.
Ich wünsche Dir das Du noch sehr viel mit mir zusammen verreißen kannst.
Ich freue mich sehr das Du mein Tempo hast und das ich auch das Tempo halten kann.
Ich freue mich auch sehr daß wir gemeinsam auf der Schaukel draußen beim schönen Wetter sitzen, und das schöne Buch lesen.
Ich freue mich auch sehr das wir gemeinsam darüber sprechen, und was wir gelesen haben.
Deine Hermine.

Ich habe erst am 25.7. Geburtstag, aber Hermine schreibt Briefe gern „auf Vorrat“ …
Bei Spaziergängen muß ich mich ihrem langsameren Tempo anpassen. Das freut sie.

1995 mußte ich für 3 Wochen zu einer Operation in die Klinik. Hermine war für diese Zeit im Wohnheim der Lebenshilfe. Am 2.8. schrieb sie mir diesen Brief.

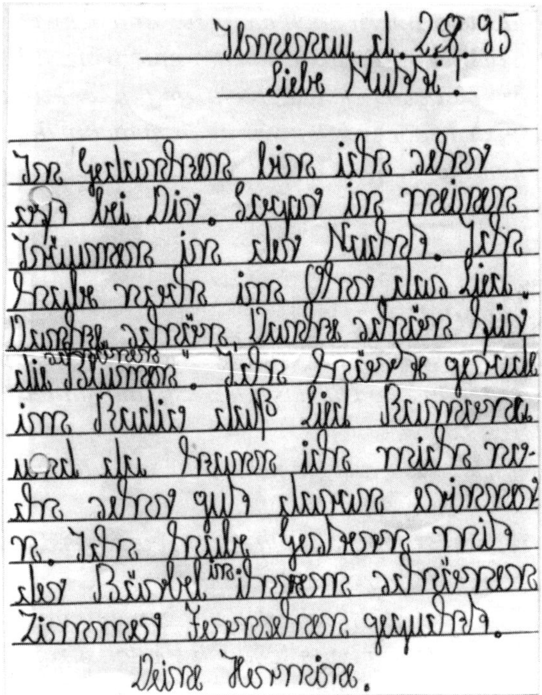

Ilmenau, d. 2.8.95
Liebe Mutti!

Im Gedanken bin ich sehr oft bei Dir. Sogar in meinen Träumen in der Nacht. Ich habe noch im Ohr das Lied. Danke schön. Danke schön für die Blumen. Ich höre gerade im Radio daß Lied [illegible] und da kann ich mich er- [illegible] sehr gut daran erinnern. Ich habe gestern mit der Bärbel in ihrem schönen Zimmer Fernsehen geguckt.

Deine Hermine.

Es gibt auch unfreiwillig heitere Texte von Hermine, entstanden durch Verwirrung und Verwechslung von Begriffen. So konnte sich unter dem Begriff „Diäten" in der DDR im Zusammenhang mit den Bezügen von Parlamentariern niemand etwas vorstellen. Fettleibigen und Zuckerkranken wurden Diäten verordnet.

Diese Begriffsverwirrung führt zwischen Ost und West

zu Mißverständnissen. Wochen und Monate ging es im Rundfunk und Fernsehen um „Diäten", die für Abgeordnete erhöht werden sollten. Diese kontroversen Diskussionen verfolgte Hermine mit heller Empörung. Ich wunderte mich, warum sie diese Angelegenheit so verärgerte, denn Geldsachen berühren Hermine im allgemeinen wenig oder garnicht. Da lebt sie wie im Paradies. Das regeln andere für sie.
Im Weihnachtsbrief an ihre Hausärztin machte sie ihrem Zorn Luft. Dem Ganzen lag eine Verwechlung zugrunde. Sie hatte vermutet, Frau Süssmuth wolle ihr die Essensration kürzen.

15.12.95
Liebe Jutta!
Ich wünsche Dir und Deiner Familie ein frohes Weihnachtsfest und ein glückliches neues Jahr. ich wünsche Dir auch sehr viel Gesundheit und wenig Ärger mit den Patienten zusammen.
Ich würde mich sehr freuen wenn Du nicht auf den Diätbeschluß von Rita Süßmut eingehst. Und nicht das Du den Schwestern von der Waldstraße 5a erzählst von den Diätbeschlüssenscheiß.
Deine Hermine.

Lucas ist der kleine Sohn einer Mitarbeiterin der Lebenshilfe. Die beiden mögen sich sehr.

Lieber Lucas!
Schönen Dank für die schönen Bilder mit mir zusammen und ich habe mich sehr gefreut das Du auf mein

Schoß ohne Theater warst. Ich möchte Dir und Deinen Eltern ein gesundes 1997 wünschen ...
Ich möchte Dir ein schönes Bild malen.
Deine Hermine.

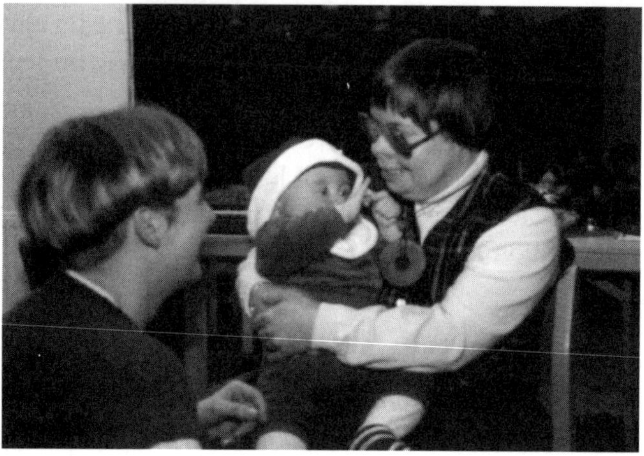

Hermine und Lucas

Hermine war zu einem Workshop in Frankenau und lernte dort Bastian kennen. Er saß bei Tisch neben ihr und bediente sie sehr höflich. Leider kam keine Antwort von ihm.

27.12.1996
Lieber Wolfgang!
Ich möchte Ihnen ganz herzlich zum neuen Jahr sehr schön gratulieren und auch im neuen Jahr möchte ich Ihnen sehr viel Gesundheit in Ihrem Leben wünschen. Schönen Dank für Ihre Unterstützung am Tisch und ich fühle mich sehr sehr glücklich darüber.

Und ich habe mich auch sehr gefreut Sie kennenzulernen und der schöne Name Wolfgang ist ein Gängiger Name und er gefällt mir besonders gut ...
Ilmenau ist die Stadt und der Bahnhof nicht ganz so schön aber der schöne Wald ist sehr schön.
Ich lege Wäsche zusammen und sortiere auch nach Namen die Wäsche und lege auch die großen Wäschestücke auf den großen Tisch zurecht und meine Wäschebrigade helfen mir auch mit dabei.
Und wir feiern auch viele schöne Feste gemeinsam zusammen und ich freue mich auch sehr darauf.
Ihre Hermine.

Wir gehören seit einigen Monaten der Selbsthilfegruppe Down-Syndrom in Suhl an und werden von Frau B , der Leiterin und Mutter von Nadja, zu Veranstaltungen eingeladen. Mit Nadja hat Hermine Freundschaft geschlossen.

Ilmenau, den 5. 1. 1997
Liebe Nadja!
Ich freue mich schon sehr darauf wenn wieder Fasching ist, und das ist auch mein Geschmack.
Meine Mutti lehnt den Fasching ab aber mir zu liebe fährt sie mit und weil Mutti für mich auch meistens Zeit für mich aufwendet.
Wenn wir Mutti und ich was vorhaben beispielsweise Theater in Weimar oder mit der Selbsthilfegruppe fahren wir gemeisam nach Erfurt, nach Ruldolstadt, oder auch Weimar mit dazu, und auch Suhl in einer schönen Erzgebirgischen Weihnachtsveranstaltung

und mit vielen bekannten und nicht bekannten Volksmusikanten haben sehr schön musiziert und gesungen.
Und das war gleich nach Eurer schönen Weihnachtsfeier und schönen Dank für die Einladung für die schöne Sommerfestveranstaltung demnächst und da freue ich mich schon sehr darauf.
Wenn mir die Zeit erlaubt schreibe ich wieder denn Mutti braucht mich auch ab und zu mal.
Ich spiele jetzt auch auf dem schönen Keyboard Instrument viele schöne Weihnachtslieder oder im Frühling meine schönsten Frühlingsliedermelodien.
Deine liebevolle Hermine.

Ilmenau, den 2.2. 1997
Liebe Frau B!
Vielen, vielen Dank für Ihre Mühe die Sie mit uns gemacht hast, und ich habe mich auch sehr gefreut darüber wie sie sich denken können.
Ich habe mich besonders darüber gefreut das ich mit Ihrer schönen Tochter Nadja tanzen durfte.
Und ich durfte auch mit Peter tanzen und das freute mich auch mit besonders.
Und das Ihre Tochter Nadja ein schönes Gewand anhatte hat mich auch mit besonders darüber gefreut.
Wo wir die schönen Kinderspiele gemacht haben da konnte ich mich auch sehr gut daran erinnern und meine beiden Eltern leideten uns an.
Ich habe mich über die schönen Geschenke sehr gefreut und Mutti wollte meine schönen bunten Smarties gleich haben.

Aber ich war dagegen und ich werde es meinem besten Betreuerfreund P schenken.
Denn er ißt es auch sehr gerne und er freut sich auch immer sehr darüber wenn er etwas abkriegt davon.
Ich freue mich auch wieder auf das nächste Fest und ich lebe auf der Sonnenseite und das ist auch gut so.
Ihre Hermine.

Seit Weihnachten haben wir ein Faxgerät:

5.2.97
Liebe Claudia!
Vielen, vielen Dank für Deinen lieben Fax Brief und ich habe mich sehr darüber gefreut.
Und so ein Fax Brief habe ich mir seenlichst gewünscht und es ist mir endlich gelungen.
Ich hatte den Wunsch mit Mutti abgesprochen und habe während des Spaziergangs ein weißes Auto und mit der großen Schrift Fax mit den eigenen Augen gesehen.
Und es ist auch mal ganz schön wenn Ihr zu Muttis Geburtstag kommt. Und natürlich werde ich mich und da bin ich auch ganz sicher wieder mit den Geburtstagsgästen befassen müssen.
Deine liebe Hermine.

Seit 1996 korrespondiert Hermine mit den „Tintenkleksen". Das sind Behinderte einer Wohngruppe in Haßlach, die über die Lebenshilfezeitung Brieffreunde suchten. Hermine hat ihnen gleich geschrieben. Und seitdem kommt Post von den „Tintenklecksen".

Imenau, den 29. 4. 1997
Liebe Tintenkleckse!
Schönen Dank für Euren liebenvollen Brief und ich habe mich sehr darüber gefreut.
Ich habe auch die Lebenshilfe Zeitung hingeschrieben und ich habe auch eine schöne Katzengeschichte aufgeschrieben.
Ich schicke Euch die letzte Seite von der Lebenshilfe Zeitung an alle.
Ich fahre im Juni nach Scharbeutz und mit Mutti zusammen zur Kur und vorher fahren wir nach Mannheim zur meiner Schwester Claudia und da freue ich mich schon sehr darauf.
Ich werde auch mich von der Ostsee aus auch mal eine schöne Ansichtskarte schreiben.
Und dann wollen wir Muttis Geburtstag sehr schön feiern und ich freue mich natürlich auch sehr darauf.
Eure Hermine

TINTEN KLECKS

07.04.98

wir wünschen euch allen schöne Osterfeiertage.

Macht einen Ausflug in die herrliche Frühlingslandschaft wo zur Zeit alles blüht und zum Verweilen und schauen einläd.

Wir treffen uns am 5. Mai wieder und werden berichten, wie wir die Ostertage vebracht haben.

Liebe Grüße von

Regina Roth, Susanne Späth, Jürgen Stefan

Gisela

Brief von den „Tintenklecksen“ aus Haßlach

Susi ist wie Hermine 42 Jahre alt. Sie zog im Januar 1998 mit 6 Behinderten in ein schönes neues Haus. Für Hermine ist der Umzug aus dem Elternhaus in ein neues Wohnhaus der Lebenshilfe für Sommer 1999 geplant. Sie macht sich ihre Gedanken.

27.1.1998
Liebe Susi!
Ich möchte Dir zu Deinem Einzug gratulieren und ich wünsche Dir auch sehr viel Glück dabei.
Und ich kenne das Gefühl auch und am Anfang ist immer so schwer sich damit abzufinden. Aber Du meisterst das schon und ich bin auch sehr froh darüber das Du Dich bei Deinen Eltern abnabels und das Du Dich auch ein bißchen selbstständig wirst.
Meine Mutti sieht das auch so und unsere Selbsthilfegruppe sind auch welche drunter die dauernd an ihre Mütter hängen und das ist nicht gut.
Ich fahre auch ohne Mutti in das Ferienlager und auch mit der Werkstatt zusammen.
Und der schöne Name Susi ist die Abkürzung von Susanne und er gefällt mir sehr gut. Und ich soll Dich auch von meiner Mutti vielmals Grüßen.
Und ich soll auch Dich aufmuntern und Mut machen und das hilft viel mehr als wenn man jemanden nur tatelt und beschimpft und auch noch ohne Grund und das darf ich auch nicht machen und auch von meiner Mutter aus.
Deine Hermine

Manchmal sind es auch Malbriefe, die Hermine verschickt.

Brief an Georg

Es war Muttertag! Gelegenheit, einen Brief an mich zu schreiben.
Ich war überrascht, denn der Muttertag hat, im Gegensatz zum Frauentag, bei uns keine Tradition. Aber auch da unterlag Hermine der Werbung. Lächeln mußte ich über den letzten Satz des Briefes.

Ilmenau, den 8.5.98
Liebe Mutti!
Ich möchte Dir zu Deinem Ehrentag gratulieren.
Und ich möchte Dir auch zum Muttertag alles Gute und auch sehr viel Gesundheit wünschen.
Ich möchte Dir auch sehr viel Sonnenschein und auch sehr viel Freude an Deinem Gärtchen auch mit dazu wünschen.

Ich freue mich auch gleich mit das Du in Deinem Gärtchen glücklich bist.
Aber nachempfinden kann ich es leider nicht und da muß ich Dich leider enttäuschen.
Es tut zwar mir sehr leid aber Du möchtest es ja auch wissen und was Sache ist und so tue ich es hiermit mit dem Brief.
Deine Tochter Hermine.

Frank ist der „Zivi", der Hermine täglich in die Behindertenwerkstatt fährt. Sie mag ihn. Also mußte auch er Post bekommen.

Ilmenau, den 10. 5. 1998
Lieber Frank!
Ich möchte Dir zum Männertag gratulieren.
Und ich möchte Dir auch gleichzeitig zu Pfingsten gratulieren und auch mit Deiner netten Familie zusammen.
Und hoffentlich habt Ihr auch schönes Pfingstwetter dabei und das wünsche ich Euch auch noch sehr viel Glück mit dazu in Deinem Lebenlang.
Und wir sind Mutti und ich in Mannheim und nach Pfingsten fahre ich mit der Werkstatt zusammen nach dem Bömerwald.
Ich fahre auch noch mit Mutti nach Scharbeutz und das liegt an der Westlichen Ostseeküste und die Salzluft tut mir sehr gut.
Und hoffentlich haben wir Mutti und ich schönes durchwachsenes Wetter. Und ich freue mich auch sehr darüber und wie Du Dir denken kannst.

Und der Name gefällt mir immer wieder sehr gut in dem Namen Frank bin ich verliebt.

...

Mutti und ich waren am Freitag in der Stadt und haben beim S meine Stützstrumpfhosen bestellt.
Mutti und ich waren im Afrikaladen und da haben wir einmal Saft mit Früchten und es hat sehr gut geschmeckt, und Mutti hat einen wunderschönen Tee getrunken und der Teename war sehr komisch und da komme ich auch nicht darauf. (Ingwertee)
Aber eigentlich wollte Mutti mir ein Eisbecher spendieren und da freute ich mich sehr darauf und ich gehe auch mit Mutti sehr gerne in die Stadt.
Und ich wünsche Dir eine wunderschöne Männertagsfeier und mit Deinen lieben Freunden zusammen.
Deine Hermine

Ilmenau, den 11. 5. 1998
Lieber Maximilian!
Mutti und ich waren in der alten Försterrei bei einer wunderschönen kleinen Galerie Ausstellung und es war sehr schön.
Und ich guckte die Zeichenskizzen an und wie man zeichnen sollte und die Techniken auch mit dazu. Ich möchte Dir die Adresse aufschreiben und wo Du Dich hinwenden mußt. ... Und da spielte auch ein Mann auf einem Celo sehr schön beschwingte und langweilige Bachmusik.
Und das Programmheft möchte ich Dir zuschicken ...
Und ich soll viele liebevolle Grüße von G Claudias Freundin ausrichten und Du möchtest bitte Dich

weiterbilden und ohne Arbeit und fleiß geht es nun mal nicht und beim Zeichnen ist es genauso.
Deine Freundin Hermine.

Max ist 9 Jahre alt.

Die handgeschriebenen Briefe entstehen im Bett nach dem Nacht- oder Mittagsschlaf. Alles geschieht leise, denn sie will unbemerkt bleiben. Briefpapier hatte Hermine reichlich zu ihrem Geburtstag bekommen. Das wird wieder ein Jahr reichen, denn auf die Frage: „Was wünschst Du Dir zum Geburtstag?“ antwortet Hermine oft mit: „Was eine Frau braucht oder Briefpapier und Briefmarken.“
Der nächste Brief geht an einen mit uns befreundeten Mediziner. Sie wünscht ihm gute Besserung für eine Erkältung und wünscht sich von ihm Trost. Er ist Arzt und muß doch Rat wissen: „Warum können manche Leute essen und werden nicht dick?“

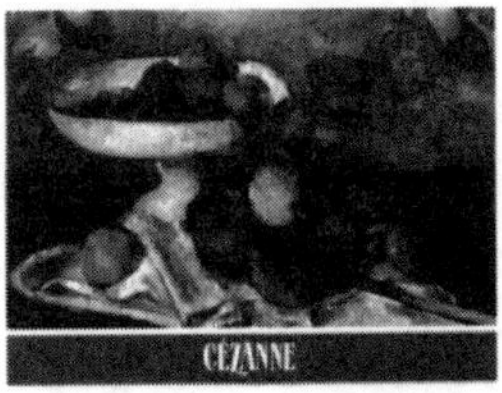

Ilmenau, den 8.11.1998

Lieber Dr. Beitzwange!

Ich möchte Ihnen viele Besserung
wünschen, und daß Sie ganz schnell wieder
gesund werden. Ich freue mich sehr
daß Sie auch wieder am Tisch mit uns
zusammen sitzen werden.
Ich nehme dieses Briefpapier mit Obstschale
und Ihr sagt mir ja auch das ich
nicht so viel essen soll. Und ich mache
a genauer und das ich nur Obst essen
soll. Aber nur von Obst wird man auch
nicht satt und ich habe kein Zucker und
ein Mitarbeiter in der Wäschereigruppe bekomme
Setz es aber. Viele liebe Grüße von den Mannheimern! Ihre Hermine.

Zu den Privatbriefen kommen nun auch Briefe an die Redaktion „Ohrenkuss". Die Anfrage zur Mitarbeit kam aus Bonn. Hermine sagte „natürlich" ja!
Hier ist ein „Selbstportrait" von Hermine, mit dem sie sich vorstellt und ihre Mitarbeit bei „ohrenkuss … da rein, da raus" begründet:

Wenn ich schreibe, möchte ich meinen Freunden was sagen. Ich möchte vor allem mit Männern durch Briefe Kontakt haben. Ich schreibe, daß ich selber Post kriege. Ich möchte meine Reiseerlebnisse anderen mitteilen. Ich schreibe, weil ich Max was lernen will. Max ist 9 Jahre alt. schweinige briefe, Geburtstagsbriefe, Briefe an Freunde und Bekannte, an Reisebekannte schreibe ich gerne. Manchmal schreibe ich gerne Tagebuch, auch Geschichten für Kinder. Manchmal schreibe ich auch Briefe, die meine Mutter nicht lesen darf, weil es Briefgeheimnis ist. Ich lese gerne Indianerbücher, Sexualbücher, Liebesgeschichten, Märchen Sagen, Tiergeschichten, Tierfabeln, meine Fernsehzeitung. Aus Wißbegierde lese ich. Egal auch kleine Schrift. Daß mich andere verstehen, soll ich deutlich lesen. Ich arbeite bei Ohrenkuss … da rein, da raus mit, weil ich meine Gedanken gerne anderen sagen will. Ich will was von anderen Behinderten hören. Ich freue mich das ich wieder was von Euch höre.

Der folgende Text stammt dann aus der ersten Ausgabe des „Ohrenkuss" vom November 1998. Wer an dieser Zeitschrift Interesse hat, kann sich unter folgender

Adresse an die Redaktion wenden:
Ohrenkuss … da rein, da raus
Karl-Barth-Str. 97; 53129 Bonn
Tel. 0228 549711 / Fax 0228 549716.
Im Internet unter *www.ohrenkuss.de*
und eMail: *redaktion@ohrenkuss.de*

Wie es ist das Down Syndrom zu haben
Ich kann einiges über meine geistige Behinderung Erscheinungsform schreiben. Ich habe ein Chromosom zuviel, das 21. Und der Mann der uns beschrieben hat (und) heißt Langdon Down. Und der hat in England gelebt. Und ich sehe so wie ein Chinese aus. Und die Kinder von der Schule haben mich deshalb sehr gehänselt und das war nicht gerade lustig. Und ich war auch sehr traurig darüber und ich habe auch sehr geweint und auf dem Nachhauseweg. Und ich habe aber schon als Kind mit den kleinen Jungs gespielt und da war ich auch sehr glücklich darüber. Und da habe ich über meine geistige Krankheitsform Down Syndrom habe ich auch früher verschwiegen und sie nahmen mich so wie ich bin und da war ich auch sehr glücklich darüber. Ich bin sehr leicht erkältet und ich bin aus der Wäschereigruppe herausgekommen. Und dort hat es immer gezogen und es war immer Zugluft dort.
Und ich soll auch (und) mit meiner gesundheit selber aufpassen und auch auf meinen Körperbau und auch weil ich so klein bin.
Und das sind mittelkleine Menschen und ich habe auch kleine Menschenhände und die sind auch sehr

fleißig. Und das sind die Down Menschen und die besonders mit dem Gewicht aufpassen müssen – leider – und ich sehe es nicht ganz ein.
Und ich war mit Mutti bei einer wunderschönen Veranstaltung in der alten Försterei und da habe ich auch (über) meine eigene geistige Behinderungsform alles erfahren und wie die Leute, die nicht solch eine Behinderung und so wie ich umzugehen habe zu lernen und zu reagieren.
(aus: Ohrenkuss, Heft 1, November 1998)

IV. Hermines Tierleben

Weihnachten 1995

Neben ihren Geburtstagen ist Weihnachten für Hermine das wichtigste Fest des Jahres. Mit vielen Vorweihnachtsfeiern, mit Pfefferkuchen und Stollen in Fülle wird die Vorfreude immer größer. Zum Glück war bei den zahlreichen Feiern auch in diesem Jahr die Mutter nicht immer dabei, die den Stollenteller wegrückt und dauernd an die schlanke Linie erinnert.

Dann war endlich der 24.12. erreicht. Es war Bescherung. Während sich bei vielen Menschen der Wert der Geschenke in Geld bemißt, spielt das bei Hermine keine Rolle.

Oft sind die Gaben der Renner, die von mir mit Skepsis betrachtet werden oder nur Pfennige kosten.

So war es mit dem Tierkalender. Es war ein dicker Kalender. Täglich mußte ein Tierbild abgerissen werden, 365 mal im Jahr! Oh Schreck! Wie sollte das Hermine schaffen? Sie würde die Lust verlieren.

Wie so oft hatte ich mich geirrt. Der Kalender verschwand im Bettkasten. Täglich, am frühen Nachmittag nach dem Mittagsschlaf, quietschte der Kasten. Hermine holte den Kalender aus dem Versteck und schrieb halb liegend im Bett ihre Tierbetrachtungen. Ich durfte es lange Zeit nicht merken.

Für mich war es interessant, auf diese Weise nicht nur etwas über das jeweilige Tier, sondern auch über Hermines Gedanken und Gefühle zu erfahren. Oft versteckte sie die Blätter vor mir. Nur wenige waren für mich

bestimmt. Ihre liebsten Freunde bekamen sie geschenkt. Ihnen will sie ihre Zuneigung mitteilen – versteht sich, durch die Blume, durchs Kalenderblatt.
In ihren Geschichten ist das Tier oft „glücklich“ und ihr Lieblingseigenschaftswort „schön“ benutzt sie immer noch gern.

Ein Kalenderblatt …

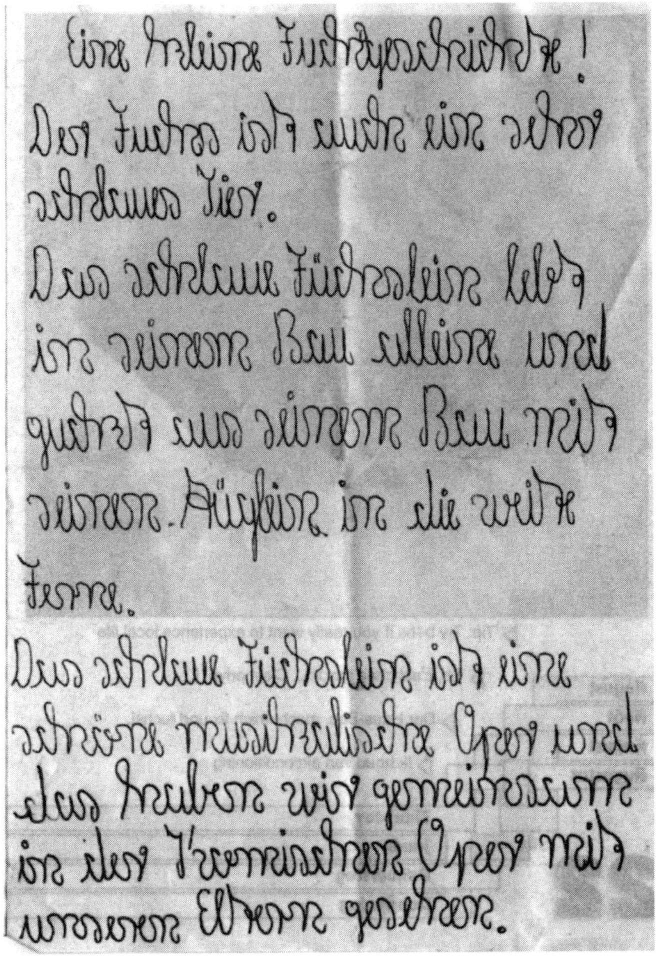

Eine kleine Fuchsgeschichte!
Der Fuchs ist schon ein sehr schlaues Tier.
Das schlaue Füchslein lebt ganz alleine in seinem Bau und geht aus seinem Bau mit seinen Jüngling in die weite Ferne.
Das schlaue Füchslein ist eine ganz berühmte musikalische Oper und das haben wir gemeinsam in der Trierischen Oper mit unseren Eltern gesehen.

… und Hermines Gedanken dazu

Der Wellensittisch können sehr unterschiedlich schön oder häßlich aussehen und meine Mutti sieht das auch so.
Die Wellensittische können nicht lesen.
Die Wellensittische gehören zu der Gruppe Papageien.
Schon der Name Wellensittisch ist ein schöner Name.
Die Vögel können auch viele schöne Vogelnamen haben.
Der Wellensittisch guckt aus dem Buch die Bilder gern an.

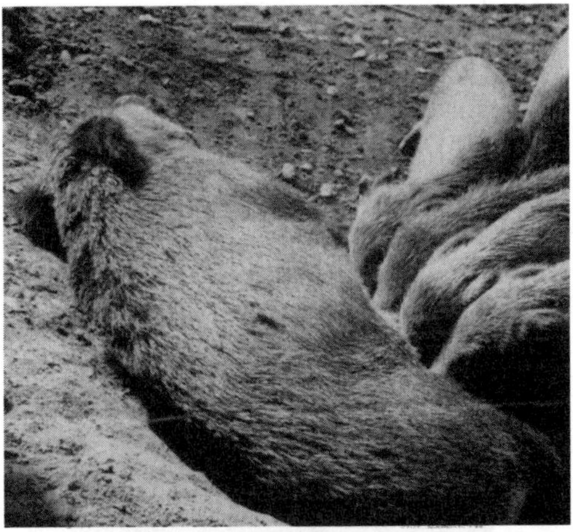

Eine Wildschweingeschichte!
Die vielen Wildschweinrudeln fühlen sich in Deinem Waldschlamm sehr wohl oder im schönen bunten Herbstlaubhaufen auch mit Sauwohl dabei.
Es gibt auch vom Wildschweinbraten ein schönes Essgericht in der Gaststätte zuessen.
Es gibt auch im Radio, im Fernsehen, auf einer Kassette oder Schallplatte eine Oberrettenmelodie vom Wildschwein.

Der schöne Wellensittisch lebt in England und lernt Englisch bei einem schönen Mädchen.
Der schöne Wellensittich kann auch mit den schönen Federkleid fliegen.
Wenn der schöne Wellensittich krank ist hängt er den Kopf schief und guckt mit den Augen ganz komisch.
Schon der Name Wellensittich kommt vom Wasser her.

Der kranke blinde Eisbär kommt nicht alleine aus dem kalten Wasser heraus.
Und das Wort Eisbär heißt so.
Und er paßt sich auch an dem kalten Wasser gut an.
Hermine meint, der Eisbär sei blind, da man die Augen nicht sieht.

Das Pferd hat am Kopf einen Pferdeschwanz am Hinterkopf.
Das ist ein sächliches Tier im allgemeinen.
Das Fohlen ist das Kind von der Mutter.
Das Fohlen lernt von der Mutter das Futter holen umd sich selbst zu ernähren.
Das Pferderagu ist Pferdefleisch und wird auch mit gegessen, ob es natürlich auch schmeckt das weiß wohl keiner.

Das Tier ist ganz sicher eine Hirschkuh.
Die Drechtige Hirschkuh ist eine schöne Hirschdamen und hat eine hohe Stimme während der Brunstzeit.
Sie möchte bitte in Ruhe gelassen werden und auch nicht geschossen werden.
Und sie möchte bitte das kleine Kind alleine zur Welt bringen.
Und sie pinkelt sehr oft im grünen Wald herum weil sie kein Klo hat.

Mit Hermines Tiergeschichten könnte man leicht ein eigenes Buch füllen. Dazu reicht hier der Platz leider nicht aus. Aber einige denkwürdige (vielleicht auch manchmal bedenkenswerte) Sätze aus dem Kalender sollen dem Leser doch nicht vorenthalten werden:

... Das schöne rosa Schweinchen ist ein friedliches und ein sitsames Schweinemädchen ...

... Dem Esel wird nachgesagt das er dumm ist. und dabei stimmt das überhaupt nicht das er dumm ist.
Er ist auch ziemlich schlau und bockig natürlich auch störisch auch mit dazu.
Und das wurde mir auch von mein Vati erklärt ...

... Der Hase ist ein männliches Tier. Und hat am Kopf lange Löffel daran zum langziehen wenn der Hase zu viel nasses Gras frißt ...

... Die Zickleinchen sonnen sich ganz gemütlich in der Sonne wo es sehr schön warm ist. Die Zickleinchen können auch ganz schön zickich sein, wenn man sie aus ihrer Ruhe stört. Mein Vati stellte fest das die Frauen besonders zickig sind ...

... Die Plüschtiere sind ausgestopfte ungemütlichen und unechte Tiere. Und mit ihnen kann man sehr schön spielen. Man kann auch in der Nacht sehr schön schlafen. Was man beim Meerschweinchen nicht machen kann ...

... Meine schönste Schallplatte als Kind war die Füchsin Aline was ich mit Begeisterung angehört habe. Ich habe leider noch nicht lesen gelernt und meine Schwester Claudia auch noch nicht. Und also ist es Gleichstand ...

... Der Hamster sieht aus wie eine große normale Maus. ...

... Die schöne Katze fühlt sich zwischen den Zeitungs sehr wohl. Die schöne Katze denkt gerade sich etwas dabei und was sie dabei denkt weiß keiner und nicht mal die Wissenschaftler können das und weil die Katze kein Mund hat zum reden ...

... Die Katze Hermine genießt den schönen Sonnenstrahl und läßt sich sehr gerne von einem Mann sich verwöhnen ...

... Die Mutterhähne beschützt die kleinen Kückenkinder, sehr gut. Die kleinen Kückenkinder brauchen die Mutterwärme dringend und sie fühlen sich sehr wohl mit dabei. Die Mutterhähne ist ständig bei den kleinen Kückenkinder in der Nähe. Die kleinen Kücken sehen ganz niedlich und schön aus ...

... Der schöne männliche Löwe ist ein König des Waldes. Der schöne Löwe sieht sehr gefährlich aus und man darf nicht in die Nähe kommen ...

… Der schöne friedliche schlafende Tiger träumt gerade einen schlechten Traum von vielen schwarzen Jägern und Wilderen die der nächste Tag bringt …

Der Tierkalender von 1996 ist verbraucht. Hermines Passion aber blieb bestehen! Hier ist noch eine kleine Geschichte aus dem aktuellen Kalender von 1999 – auch bei den Kalendergeschichten hat der Computer als Schreibgerät Einzug gehalten:

Eine Katzengeschichte
das Katzenbild ist aus meinem Kalender. Den habe ich mir zum Geburtstag gewünscht. Und es hat geklappt. Die Katze sitzt auf einem Baumast es ist aber keine Wildkatze sondern eine Hauskatze. Und sie freut sich über den dunklen Sternenhimmel und sie ist vielleicht mondsüchtig. Aber das macht sie jeden Tag. Sie sieht in der Nacht besser. Das habe ich in der Schule gelernt.
Sie sucht ganz sicher eine Maus zum fressen und weil sie Hunger hat und da ist die Katze nützlich. Und die Katze ist nur dann schädlich wenn sie die Vögel in der Natur fressen und sie gehören auch zu der Gruppe Säugetiere und zu den Raubtieren. Und die Farbe von der Katze sieht genauso aus und wie der Luchs und die grünen gefährlichen Augen auch mit dazu.
Die Katzen sind auch Schmusetiere und das sind auch die Hauskatzen und sie wärmen sich auch an dem Warmen Ofen und sie fühlen sich auch sehr wohl mit dabei. Und so heißt das Kinderkatzenspiel Die Katz und Maus und das haben wir auch schon mit unseren

Freunden gespielt in unseren Garten. Und die Katze versucht die Maus zu fangen und die Katze freut sich darauf. Die Maus ist kleiner als die Katze und die frißt auch den Käse aus dem Wandschrank wenn welcher da ist.

Februar 1999

Sonntag	Montag	Dienstag	Mittwoch	Donnerstag	Freitag	Samstag
	1	2	3	4	5	6
7	8	9	10	11	12	13
14	15	16	17	18	19	20
21	22	23	24	25	26	27
28						

V. Geschichten

Warum immer Bücher kaufen? Ich schreibe mir meine Geschichten selbst!

Kamelreiten

Hermines Erlebnisse werden zu ihren Geschichten.
Sie sah im Fernsehen einen Film über die Probleme der Schweinehaltung. Das wurde „Eine wahre Geschichte von einem Schwein". Im Kino erlebte sie mit großer Spannung den Film „Die unendliche Geschichte" von Michael Ende. Sie schrieb selbst eine unendliche Geschichte.
Oft hört Hermine Berichte im Radio. Auch das verarbeitet sie zu Geschichten.
Vorträge, die ich mit ihr zusammen besuche, werden

zu Herminegeschichten, Tatsachen und Erfundenes verschmelzen in ihrer Fantasie.
Bei diesen Nacherzählungen werden allerdings auch große Wahrnehmungslücken erkennbar.

Die unendliche Geschichte

Es war einmal ein Junge der die ganze Fantasiewelt entdeckte und er ließ sich von seinen Eltern nicht beeinflussen.
Und er ging gleich nach der Schule in die Bücherei und nahm ganz einfach ohne zu fragen ein schönes Abendteuerbuch aus dem Bücherregal heraus.
Und er träumte und er bildete sich eine Meinung mit dazu ein und das ist auch gut so.
Und seine Eltern machten sich bisher keine Sorgen um ihn und die Lehrer machten sich eher Gedanken in der Schule um ihn. Und die Lehrer machten einen Hausbesuch bei den Eltern und was mit dem Jungen los ist.
Und der Junge machte in der Zeit keine Hausaufgaben und die Eltern machten hinterher ganz schön krach.
Und er mußte ein Woche lang zuhause bleiben und seine Freunde nicht einladen oder hingehen. Und von der unendlichen Geschichte gibt es auch ein wunderschönes Buch mit dazu.
Und Du kannst es Dir ausleihen oder Jutta K ausborgen und sie hat das Buch.
Und meine Mutti hat es mit mir zusammen ganz durch gelesen und ich habe es mir gewünscht und sie hat es mir auch gemacht.
Ich schreibe es deshalb mit dazu das Du nicht an-

fängst und Du fragst mich dann ob ich das Buch hätte und da beuge ich Gott sei Dank vor.

Eine schöne Geschichte über China und Buddha

Mutti und ich waren in der alten Försterrei gewesen und haben beide gemeinsam interessant zugehört. Und der schöne Saal in der alten Försterrei war auch sehr voll und es ging bis halb 12 Uhr.
Und der Buddha regierte das ganze Land und wurde von der Bevölkerung angebetet und man kann auch es glauben oder nicht.
Und die Bevölkerung sieht bei ihren schönen Gesichtern und ihren Schlitzaugen sehr schön gelb wie die schöne Sonne oder wie der Mond und die Sterne aus.
Ich sehe zwar auch nicht gerade gelb aus und dafür habe ich die schönen Schlitzaugen und ich bin aber kein Buddha.
Buddhismus ist die Lehre und er war auch ein Pfarrer und er predigte auch seinen Leuten seine Moral.
Und er ruhte in sich und so ähnlich wie ich und das ist auch gut.

Eine Geschichte über den Kickelhahn und den Auerhahn

Der Kickelhan ist ein Berg und heißt so und der Auerhahn auch so und das kommt aufs gleiche raus.
Der Kickelhahn ist männlich und der Auerhan ist auch männlich und bekämpfen sich mit dem Körper und mit den Krallen und Flügeln mit dem Schnäbeln

und behaken sich bis Blut raus kommt und Tod sind. Das sehe ich sehr gerne im Fernsehen und habe es in der Schule gelernt und da habe ich sehr aufgepaßt. In Erdkundeunterricht und in Biounterricht von Mutti deshalb muß ich damit meine Gedanken zusammennehmen wenn ich schreibe.
Auf dem Gabelbach ist ein Museum da sind die Tiere ausgestopft und hängen an der Wand wo früher die Tiere gelebt haben. Wir waren mit den Eltern in den DDR Zeiten auch dort und haben ein schönes Konzert mit den alten Instrumenten gehört und haben uns gleich vorne auf den Stühlen hingesetzt, weil mein Vati schwer gehört hat. Meine Oma väterlicherseits erzählte wie sie früher den Kickelhahn und Hühner geschlachtet werden und die hatten sehr viel Landwirtschaft gehabt.
Omas Freundin aus Kornbach Milda hatten auch sehr viel Landwirtschaft gehabt und da waren wir auch dort bei Mildas Geburtstag und feierten mit viel Kuchen und Abendbrotplatten sehr schön zusammen. Es war alles sehr schön dort. Und das Wetter hat auch mit zum Glück beigetragen und mir hat es ausgezeichnet alles gefallen und das Essen sehr gut geschmeckt.
Ich saß draußen im grünen Gärtchen unter einem grünen Baum und habe mich an einem Freund angeschloßen natürlich erzählten wir alles mögliche. In Weischlitz feierten wir sehr schön Omas Geburtstag mit vielen Gästen in einer Schulgaststätte auch sehr schön gefeiert und haben sehr viel nach Musik getanzt.

Eine Abhandlung über die Mondlandschaft

Der Mond sieht sehr unterschiedlich gelb aus und die Form auch. Natürlich reagiert der menschliche Körper in und auf das Gemüt natürlich auch beim schlafen, dadurch beinträchtigt. Im Norden ist der Mond, wo die Eisbären zu Hause sind und dort ist es sehr kalt und das Wasser ist mit Eis sehr dick zugefrochen. Das ist wissensschaftlich nachgewiesen und leben auch die Eskimos, in den Zelten. Wenn sie Hunger haben fangen sie Fische oder erlegen Eisbären und sonst finden sie nichts mehr zu essen, die sehen sehr alt aus. Die Pingoiene leben auch dort und benehmen sich sehr langsam und bedächtig, sehr lieb, sehr gelehrig und sehr folgsam natürlich nehmen sie sich nur dann das Essen wenn etwas vorgesetzt wird.

Eine schöne Feengrottengeschichte

Die vielen Feen schwebten in der tiefen Höhle herum und das waren die guten Feen.
Und die schönen Feen waren auch sehr schön und sehr gut angezogen und die wurden auch für das schöne Leben vorbereitet.
Und die wollen lieber unter sich sein und sie tanzen einen schönen Feentanz auch mit dazu.
Und die sind auch sehr glücklich mit dabei und sie freuen sich auch sehr darüber.
Und sie sind auch nicht verheiratet und sie möchten es auch nicht sein und sie freuen sich auch sehr wenn sie lesbisch sind, und sie sind auch sehr glücklich mit dabei, wenn es nur junge Frauen und schöne junge Mädchen sind.

Und die schönen Feen kommen auch sehr oft in den schönen Märchenfilmen vor und auch im Fernsehen. Und der Name Feengrotte und so heißt die Höhle und das ist eine schöne Geschichte alles über die Feengrotten Höhle.

Meine Betrachtungen über die Sumpfhüner

Die Sumpfhüner leben im Sumpfgebiet und sie legen dort ganz in Ruhe ihre Eier.
Aus den Eiern kommen die Kinder und die Mutter von den Sumpfhühnern brütet die mit ihren Flügeln und dem Hintern aus.
Sie drücken so sehr kräftig bis die Eier rauskommen. Die Kinder müssen mit ihren schwachen Schnäbeln die Eierschalen aufpicken. An dem Schnabel hängt ein Eizahn. Die Sumpfhühner haben Schwimmhäute an den Beinen.
Ich schreibe Dir jetzt alles über den Sumpf. Der Sumpf ist im Dars Wäldchen wo wir Du und ich im Urlaub gemacht haben. Das ist auch der Sumpf wo wir nicht Spazieren gehen können. Da fliegen die Mücken in der Luft nur gut das Vati geraucht hat da reißen die Mücken aus. Mein Vati beschützte mich in der Beziehung sehr gut, und das gefiel mir sehr. Es regnete in Strömen und Vati lief mit mir zusammen zum Auto. Wir krochen zusammen in seinen Bademantel und Vati freute sich sehr, das er mich darunter hatte.
Ich war schon als Kind sehr empfindlich gegen die kleineren Stechfliegen und Bremsen. Mein Vati klärte mich auf das ich süßes Blut habe, deshalb ist es

gesund das sie mich stechen, weil ich kein Reuma erst bekomme. Mein Vati klärte mich auch auf das die Mücken sehr fleißige Tiere sind. Das die Mücken in der Natur übertragen Malaria. Das ist eine schlimme schlimme Krankheit.

Meine Betrachtungen über das Liebensleben der Schmeterlinge

Das sind Inseckten und leben in der Natur. Die fliegen in der Luft und sind Schädlinge, die den Bäumen nur Schaden zufügen. Deshalb müssen die kranken Bäume abgeholzt werden. Denn sie nehmen leider keine Rücksicht auf die Natur.

Die Schmeterlinge lieben sich auch in der Luft, und sie paaren sich auch. Die sehen sehr schön bunt aus und die Farben sehen sehr unterschiedlich schön aus, einmal weiß, zitronengelb und die sind meine schönsten Tiere, die es in der Natur gibt.

Leider fressen die Vögel die Inseckten und andere Schädlinge aus den gesunden Bäumen heraus. Die fliegen sehr schnell und flattern mit Flügeln, wie ein Kreisel in der Luft.

Mutti und ich gingen in dem schönen Winterwald spazieren, und da haben wir darüber geredet.

Eine Geschichte von vielen Elefantenrudeln

Die Elefanten haben lange Ohren und haben auch vier Beine zum laufen, natürlich hat er zwei Stoßzähne. Mit Elfenbeinzähnen werden Ketten, Broschen hergestellt und deshalb werden sie getötet.

Das sind Dickheuter und sind sehr gefährlich und

zertrampel alles was im Wege ist, da nehmen sie keine Rücksicht.
In Indien und in Afrika leben die Elefanten im Urwald. Die Elefanten sind Lasttiere und müssen die Afrikanerinnen mit den Kindern mit ihren ganzen Körperteilen tragen. In Indien ist das gleiche und die Menschen haben Turpanen auf. Natürlich suchen sich die Elfanten wenn sie Durst haben Wasser und sie können auch schwimmen, weil es in beiden Länderteilen sehr heiß ist.
Man kann auch über den Elfanten Witze machen und mit der Maus, die ins Wasser wollten mit der Badehose und der Elefant spritzte mit dem Rüssel die Maus voll. Der Elefant tritt auch in den Zirkusen auf und werden gezähmt.
Den Witz hatte Hermine nicht verstanden. Sie lacht darüber, daß der Elefant mit dem Rüssel spritzt und nicht über den Tausch der Badehosen zwischen Maus und Elefant.

Geschichte über Eulen und den Mäusepusart

Meine Betrachtungen über die Eulen in der Nacht. Die können sehr schlecht mit den Augen sehen und fangen von der Luft aus die Mäuse mit den Sturzflug auf. Die Mäusepusarte sind auch Raubvögel und können alles was mit kleineren Tieren zusammenhängt auffressen, wenn sie Hunger haben. Die nehmen keine Rücksicht auf die Natur und wir gucken Mutti und ich solche Naturfilme im Fernsehen sehr gerne an.

Die Eulen sind sehr nützliche Tiere und das Eulenzeichen ist sehr wichtig, für alle Menschen. Das habe ich selbst in der Schule gelernt. Mir ist es nicht in den Schoß gefallen und ich habe es gelernt. Das Eulenzeichen weist darauf hin das alle Tiere und Pflanzen geschützt sind.

Das „Eulenzeichen" ist eine Kennzeichnung für geschützte Tiere und Pflanzen im benutzten Naturführer.

Meine Betrachtungen über ein schöner Naturfilm mit dem Erdhörnchen und mit der Klapperschlange, in dem Regenwaldleben

Solche schöne Naturfilme gucke ich jetzt immer sehr gerne im Fernsehen an.
Das Erdhörnchen muß aufpassen das die Klapperschlange nicht das Erdhörnchen angreift.
Das Erdhörnchen ist flinker als die Klapperschlange. Die Klapperschlange ist sehr gefährlich und wenn sie gereizt wird wird sie ganz schön giftig. Das Gift kann auch tötlich auf die Menschen sein und auf das Erdhörnchen wenn sie nicht aufpassen, kommt sie auch unter die Räder. Meine Mutter freut sich sehr das ich solche Filme alles um die Natur zusammenhängt, angucke.

Eine Betrachtung über die Froschmänner

Und das sind die schönsten Sagenbücher was ich sehr gerne lese. Und das sind meine schönsten Froschtiere die es in der ganzen Welt gibt. Und die Froschschenkel und die Froschbeine kann man essen ...

Eine kleine Geschichte von einem Schneemann

Es war einmal eine Schneefrau mit einem verheirateten Schneemann, der gerade mit seinen Schneekindern in dem schönen Winterwald spazieren geht. Aber nur im kalten Winter, wenn es die Goldmarie von der fleißigen Frau Holle im Haus und im schönen Gärtchen arbeitet. Denn der Winter ist ein Männliches Wesen.
Das sind vier Jahreszeiten Der Frühling, Der Sommer , Der Herbst und der Winter. Und der Väterchen Frost bestellt den Winter weil der Winter der Stärkere ist. Und im warmen Frühling fließt der schöne Schneemann in der Sonne zu Wasser.
Und das alles habe ich in der Schule ohne Mutters Unterstützung alleine geschafft.

Eine wahre Geschichte von einem Schwein

Vom Schwein kommt das Kottlett, das Schnitzel und der Schinken, und die Bratwurst. Und das Hausschwein lebt im Stall wenn man eins hat heißt das und sie werden erst Fett gefüttert, und dann werden sie geschlachtet. Und die Menschen sind nicht gerade freundlich zu den Tieren und sie werden auch manchmal sehr grausam behandelt.
Und das Wildschwein kann man essen in der Gasttstätte. Und das Wildschein wird vorher auch getötet und geschlachtet, natürlich kommt es uns auch zugute. Und da werden aus dem Wildschweinfell Felle hergestellt. Siehst Du in der Natur ist nicht

immer alles schön und das erklärt mir meine Mutti auch mit dazu. Und das Wildschwein lebt im Waldsumpfgebiet und sie fühlen sich sehr wohl dabei und sie wühlen sich auch darin. Ich genehmige es Dir auch mit das Du meine Mutti auch danach fragst. Es gibt ein Glücksschwein aus Marzipan und eine Sparbüchse aus Ton oder aus Porzelan.

Eine große Geschichte um einen niedlichen Waschbär

Der Waschbär lebt entweder am Wasser oder im Wasser und schwimmt sehr gut im kalten Wasser. Er fühlt sich im Kalten Wasser sehr wohl als auf dem Land. So ähnlich ist das auch bei dem Biber. Sie sehen zwar sehr niedlich aus aber nach dem Verhalten her sehr gefährlich dazu, und man sollte es nur aus der Ferne angucken.

Eine Geschichte über Wolkenschäfchen

Die Wolkenschäfchen stehen am blauen Himmel und sie ziehen einmal nach dem Osten, einmal nach dem Westen und einmal nach dem Süden oder nach dem Norden.
Oder die Wolkenschäfchen ziehen in die Mitte der Himmelsrichtungen von Ostsüd, Ostwest, Nordwest, Nordsüd und Nordost. Und Südost, Südwest, und Nordsüd.
Und wer hat die schönsten Schäfchen. Und die hat der goldne Mond der am Himmel droben wohnt.
Das war das schönste Lied aus meiner Kinderzeit.

Eine mittelgroße Geschichte über die Hexe

Es war einmal eine häßliche verkrübelte alte Frau und sie fliegt mit dem Besenstil in die Lüfte.
Und sie verführt die kleinen Kinder zu nicht schönen dummen Dingen die sie nicht machen sollten.
Die Eltern von den Kindern schicken sie einfach in den tiefen, tiefen finsteren dunkeln Wald.
Weil die Kinder sich immer über die Hausarbeit bei den Eltern beschwerden.
Und das Hänschen sammelte die harten Brotkrumen, und zur Strafe verliefen sie sich in den dunkeln finsteren Wald zu dem Hexenhäuschen.
In dem russischen schönen Märchenfilm die Hexe Babajaka ist es auch so ähnlich, aber sie wohnt in dem Hexenhäuschen auf den Hünerbeinen.
Und da gibt es auch ein schönes Teatherstück mit dazu und das ich mit meinen Eltern schon als Kind sehr gerne angeguckt habe. Und auch eine Oper und die habe ich in Meiningen im Theater gesehen.

Hermine erinnert sich an „Hänsel und Gretel" von Humperdinck, das russische Märchen von der Babajaka und die Brockenhexe. Theater, Film und Harzreise werden zu einer Geschichte gemixt.

Eine Geschichte alles über die Rakete

Die Rakete steigt in die Lüfte wo der Weltraum ist und der erste Mensch ist der russische Mann der Juri Gargarin in den Nachthimmel hinhneingefahren worden.
Die zweite russische Frau Alexsandra Tscherowska ist

als zweites Mitglied in den schönen Nachthimmel hinneingefahren.
Und natürlich der Juri Gagarin war in Zweifel ob das die Frau kann oder nicht.
Und der Entdecker von dem Weltraum heißt Galilei und daß haben wir in dem schönen Dresden in dem schönen Ring Kino gemeinsam angeguckt.
Und alles was mit der Weltraumgeschichte zusammenhängt und das hängt leider mit der Allgemeinbildung zusammen und das muß man wissen.
Der Jule Verne arbeitete mit dem Weltentdecker zusammen und das war sein Arbeitskollege auch mit zusammen.
Und sie haben auch mit dazu sehr viel Hirngespinste und sie haben es in vielen Büchern aufgeschrieben und sie wurden auch mit veröffentlicht.
Und die vielen Bücher wurden in den Biblotheken ausgestellt .
Und im Weltall leben nur die Marsmenschen und die Dinosaurierer und sie laufen im Weltraum hin und her.

Eine Kacktusgeschichte

Aber leider haben die schönen Kacktuse die schönen Stacheln daran und die sehen so ähnlich wie ein schöner stachlige Igel aus.
Und wenn man sich darauf setzt mit dem schönen Hintern und das tut ganz schön weh.
Schon der Name Kacktus ist für mich sehr abwertend und das hört sich an als wenn der Kacktus auf dem Klo Kacke macht.

Der schöne Kacktus wächst in den schönen warmen Ländern zum Beispiel Afrika oder Amerika, oder in dem schönen Italien oder in Indien. Oder in den schönen warmen südlichen Tropen und wo die schönen schwarzen Menschen wohnen.
Und das gucke ich immer in den Naturfilmen im Fernsehen an und wenn Mutti nicht da ist.

Alles über das schöne Goethehäuschen

Auf dem Goethehäuschen steht ein schönes Gedicht von Goehte auf dem Gipfel ist Ruh und dann spürest Du kaum einen Hauch. Und das schöne Goehtehäuschen liegt unterhalb vom Kickelhahn.
Es gibt auch einen Goethewanderweg und es steht auch ein schönes Denkmal von Goethe.
Goethe war ein Dichter und Bergwerkminister und schrieb auch das Schauspiel Der Faust und die Wahlverwandschaften.
Goethe hatte viele Freundinnen gehabt und nützte sie bis auf das Hemd aus und zu seinen Gunsten.
In Ilmenau machte er seine letzte Geburtsfeier und seine Frau von Stein besuchte ihn ab und zu einmal.
Er studierte in Leipzig sehr fleißig und er traf dort seine Arbeitsfreunde.
Hermine wohnt in Ilmenau, am Nordrand des Thüringer Waldes. Goethe war als Minister für Bergbau oft in Ilmenau, er bemühte sich, den Bergbau wiederzubeleben. Ja, es stimmt, Goethe feierte in Ilmenau seinen letzten Geburtstag. Das Gedicht, „Über allen Gipfel ist Ruh“ schrieb er im Goethehäuschen auf dem Kickelhahn.

Meine Läuseangst

Meine Schulfreundin in unsere Wäscherreigruppe hat von Ihrem Kind Läuse aufgesammelt.
Und ich habe gehört das das eine ansteckende Krankheit ist und es kann auch der Umwelt damit schaden zufügen.
Und die Umweltschützer müssen sogar dagegen ankämpfen und damit die Umwelt sich nicht noch dabei ansteckt.
Und zwar rechzeitig und das habe ich auch alles in dem Dokumentarfilmen im Fernsehen gesehen.
Und ich habe auch Angst das ich es auch kriege.

Meine Betrachtungen über die Pferde

Die liebevollen und liebesbedürftigen zärtlichen Pferde spielen auch sehr gerne auf der grünen Weide sehr schön zusammen.
Und die Pferde machen auch auf der grünen Weide Ihre Geschäfte mit dazu.
Und die verpielten Pferde leben in einer Pferdegruppe und die Pflegerin oder die Pfleger betreuen die Pferde nicht immer gut oder sie werden auch sehr geschlagen oder sie werden auch in den Indianer und Cowbowfilmen benutzt.
Und dic Pflegerinnen und Pfleger passen auf das die Pferde auch nicht ausreißen dürfen.
Und sie machen auch aus dem grünen Gras das Heu um die Pferde damit zu füttern.

Meine ausgedachte Geschichte über den Hasen Max und das niedliche Osterkücken Rosalie

Hermine hat zu Ostern 1997 von einer Freundin ein kleines gelbes Plüschhühnchen und ein Plüschhäschen bekommen. Hier ist die Geschichte über die zwei:

Das Häschen Max geht in die Schule und er freut sich das er etwas lernt was er noch nicht kann.
Der Hase – Max konnte nicht mal sein Verschen aufsagen und er traut sich nicht und er schämt sich dabei und weil er ängstlich ist.
Und aber das niedliche Rosalie Kücken sitzt friedlich und einsam in einer Ecke und braucht ihre Ruhe. ...
Und die zwei Tierchen sind grund verschieden und sie machen jeder seins.
Und das kleine Rosalie Kücken muß die versteckten Ostereier vom Häschenmax suchen.
Und das gelingt dem kleinen Rosaliekücken nicht immer und sie holt sich auch ein kluges Hühnchen zu hilfe.
Und der Häschenmax drückt die Ostereier aus dem Popo heraus.

Die Geschichte hat Hermine vor mir versteckt, denn sie weiß, daß ich den letzten Satz nicht so gut gefunden hätte.

Eine lustige Schneehasengeschichte Larry

Am 1.4.97 bekommt der Schwager Georg einen Faxbrief von Hermine. Ostern ist gerade vorüber. Ihre Gedanken sind immer noch beim Osterhasen. Hermine

genießt alle Feste, ein Glück! Ich glaube, sie schafft es auch für kurze Zeit an den Osterhasen zu glauben.
Der weiße Schneehase Larry paßt sich bei den Schneeverhältnissen sehr gut an.
Und der Schneehase ist sehr glücklich dabei und er sieht auch sehr goldig aus.
Und das kann auch ein Plüschhase sein und damit kann er auch dabei schmußen.
Und das kann auch ein Skihaserl sein und das heißt so.
Und zum Skifasching kann man es auch machen und es sieht auch sehr lustig aus.
Und die Autofahrer müssen auch auf die Tiere besonders aufpassen ob sie wollen oder nicht.

Eine grausame Mausgeschichte

Frau F., unsere Nachbarin erzählt von einer Maus, die sie im Keller füttert. Hermine verspricht ihr, eine Mausegeschichte zu schreiben. Hier ist sie:
Die Mäuse gehören zu der Gruppe Säugetiere und müssen getötet werden und sonst vermehren sie sich immer mehr.
Und da wird auch mit Mäusegift versprüht und sie werden auch mit vernichtet.
Und sie können auch die Krankheiten die Pest verbreiten und Cholera und da muß die arme Bevölkerung sterben.
Und deshalb sind sie Schädlinge und sie knappern auch mit in der Speisekammer Käse an.
Und sie sehen auch grau aus und wie die Nacht so ähnlich.

Und sie fressen auch mit Eicheln, Kastanien, und das Getreide auf dem Feld.

Eine Gechischichte über den Buddha

Der Buddha kann nicht nur lustig und fröhlich sein und er ist auch manchmal traurig und er muß auch Enttäuschungen hinnehmen in seinem Leben.
Und er sagt das man möglichst positiv denken sollte und man muß auch möglichst daran selbst arbeiten und was man sich in seinem Leben auf gebaut hat.
Und das habe ich auch im Fernsehen gesehen und es war auch sehr interressant gewesen.
Und man sollte sich auch über die Natur und über die Sonne freuen und glücklich sein und das kann auch über die depressieven Gedankengänge darüber hinweghelfen.

Eine wahre Geschichte von einer Brillenschlange

Der Name Brillenschlange heißt so und sieht auch so ähnlich aus und sie ist auch sehr giftig mit dazu.
Und sie lebt im tiefen Dschungel und daraus macht man aus dem Schlangengift Medikamente.
Und die schwarzen dunkeln wunderschönen Menschen verfolgen die gefährliche Brillenschlange und sie töten sie auch mit dabei, und sie machen auch aus der Schlangenhaut Schuhe und Mäntel daraus für die vornehmen Damen und Herren auch mit dazu.
Und sie machen auch Versuche an Menschen und kranken Tiere auch mit dazu.

Und ich weiß es daher durch das Fernsehen und das gucke ich sehr gerne an in dem Naturfilm.
Und die Brillenschlange wechselt Ihre Schlangenhaut und in dem grünen dichten Gras und den grünen Citrusbäumen und das kommt auch sehr oft in Indianer und Cowboyfilmen vor.
Und Brillenträger ist auch ein Ausdruck der Neckerrei aus Liebe.
Die Geschichte von der Brillenschlange bekommt Udo, ein Mitarbeiter aus der Werkstatt. Hermine trägt eine Brille und wird von ihm „Brillenschlange" genannt. Ihn will sie aufklären, was eine echte Brillenschlange ist.

Damit will ich Hermines Geschichtenbuch schließen. Das war natürlich nur eine Auswahl von Hermines „Schöpfungen". Sie wird in ihren Geschichten wohl auch zukünftig interessante Fantasien und Gedanken offenbaren und zu erklären versuchen, was nach ihrer Meinung „die Welt im Innersten zusammenhält".

VI. Reisetagebücher

Wenn einer eine Reise tut ...!

Reisetagebuchaufzeichnungen finden sich schon in dem Buch „Leben mit Hermine“.
Hermine sollte in den Ferien das Schreiben und Lesen nicht verlernen, die Ferientage bewußt erleben und sich erinnern und aufschreiben, was für sie wichtig war. Das hielt ich für sinnvoller als an beliebigen Wörtern Rechtschreibung zu üben. Sich selbst etwas zu überlegen, würde ihr Freude bereiten und Erfolgserlebnisse schaffen. So dachte ich.
Immer klappte es nicht, sonst würde es diese Sätze auf der letzten Seite eines Tagebuches nicht geben. Da steht zu lesen: *Mutti ist saudoof. Vati ist saudoof. Claudia ist saudoof.*
Nach meinem Plan entstanden Reiseaufzeichnung. Zu Anfang waren es täglich drei kurze Sätze. Sie bestimmte später den Umfang und Inhalt der Aufzeichnungen. Diese enthalten nicht nur Informationen über Land und Leute. Für sie sind Ferienbekanntschaften wichtig, die oft zu Dauerfreundschaften führten.
Auch Stimmungsschwankungen in der Familie wurden von Hermine registriert. Keiner wird ausgespart. Wenn Mutter sauer war, wurde das vermerkt, oder wenn Vater bei einer unerheblichen Unpünktlichkeit eines Familienmitgliedes den ganzen Tag schlecht gelaunt war, dann half kein Zureden. Das wurde im Tagebuch notiert und kritisiert.

Da Essen Hermines Lieblingsbeschäftigung ist, erfährt man zum Beispiel, ob es zu den Kartoffeln „Sose“ oder keine „Sose“ gab.

In den Aufzeichnungen ist nicht vermerkt, wann die Kirche erbaut wurde und wer sie zerstörte, sondern wen wir vor der Kirche trafen. So holen wir oft Hermines Reiseberichte hervor, um uns Begegnungen ins Gedächtnis zurückzurufen. In ihren Heften finden wir Antwort. Auch das steigert ihr Selbstvertrauen.

Reisetagebücher liegen aus drei Jahrzehnten vor und neben dem anekdotischen Element dokumentieren sie auch, wie sich Schriftbild, Grammatik und Stil verändert haben.

Hermine sieht die vielen Tagebuchhefte, bekommt einen Schreck und hat einen Vorschlag: Sie will kurze Ferienberichte aus dem Gedächtnis auf dem von ihr eroberten Computer schreiben.

Hier sind einige Kurzfassungen, die sie auf der Festplatte des Computers gespeichert hat. Vergleicht man sie mit den ausführlichen Tagebüchern, stellt man fest, daß sie manche Erlebnisse verwechselt. Und doch ist es erstaunlich, was sie nach 10 bis 20 Jahren noch weiß. Oft kommen ihr weit zurückliegende Erlebnisse in den Sinn, ihre Augen strahlen vor Begeisterung. Sie erzählt von Städten, Dörfern, Burgen, Museen, Seen und Meeren und den vielen guten Menschen, denen wir begegnet sind. Daß nicht alles richtig zusammenpaßt ist nicht schlimm. Jedenfalls hat sie es so oder ähnlich erlebt.

Kurzfassungen

Von Hermine 1995 bis 1997 aufgeschrieben.

Bulgarien

Der Vati brachte uns mit dem Auto nach Erfurt. Mir war es schlecht. Dann fuhren wir nach Berlin und übernachteten im Hotel Berolina. Da fiel ich im Aufzug um. Da hat mich ein Afrikaner mit aufgehoben. Am nächsten früh fuhren wir mit der Taxe zum Flughafen.

Dort warteten wir viele Stunden. Und weil Nebel war mußten wir nach Dresden fahren.

Wir mußten nach Sofia mit dem Flugzeug fliegen und das ist die Hauptstadt von Bulgarien. In Bulgarien selber war es sehr schön und das Wetter war sehr erfolgreich für uns gewesen. Wir machten viele schöne Wanderungen.

Wir besuchten das Rila Kloster und sahen viele Mönche. Im Vitochagebirge hatten wir einen wunderschönen Hüttenabend und sahen in Dunkelheit viele schöne gelbe Sterne und der gelbe Mond. Das kann man nicht anfassen und wird trotzdem groß geschrieben und ich habe Mutti extra gefragt. An unseren Tisch saßen zwei LPG– Bauern und Mutti schrieb alles auf. Die gingen schon um 3 Uhr spazieren. In dem Dom haben wir eine Kindtaufe miterlebt die Mutti stand abseits und der Vater hatte das Kind auf dem Arm. Auf dem Altar wurde gerade alles voll Lebensmittel aufgebaut. Ich fand das sehr in Ordnung und das Kind auch beim Vater auf dem Arm war. Das ist in Bulgarien so Tratition. Und dort haben sie eine altmodische Einstellung. Das Mauseleum haben wir auch mit besichtigt. Wir wohnten in einem wunderschönen Hotel mitten in der Stadt.

Schwarzmeerrundfahrt
Im November 1985 waren wir erst in Berlin auf dem Flughafen und dort mußten wir 20 ST. warten. Vom Flugzeug aus sind wir bis Odessa geflogen. In Jalta sind wir zum Tschechov Haus gefahren. Er war Arzt und Dichter und er schrieb Die drei Schwestern natürlich spielte Christel Sch. auch mit. Natürlich schrieb er die Geschichte Die Dame und das Hündchen.
Wir fuhren mit dem sehr schönen Schiff nach Suchumi. Wir besichtigten die Affenfarm. Die Affenmama stillte gerade ihr Affenkind am Busen. Am nächsten Tag fuhren wir mit dem Schiff nach Batumi und dort waren wir im Delfinarium. Die Delfine sind gesellige Tiere und machten Kunststücke im Wasser. Sie mußten über die Reifen springen und durch die Reifen hindurch auch noch natürlich wurden sie gefüttert. Am nächsten Tag waren wir mit dem Bus zum Kaukasus gefahren und zum Rizzasee. Unser Reiseleiter Anatoli erzälte auf der ganzen Fahrt lustiege Witze einmal von der Straßenbahn und einmal sehen sie die grünen Bäume und da stehen auch Läden, und da können sie auch Kitsch und Klamotten kaufen wenn sie wollen oder nicht.

Moskau und Leningrad
Wir wohnten in Moskau in einem wunderschönen Hotel „Minsk". Es zog durch die Fenster. Wir legten zum Schutz die Koffer davor. Bei der Etagenfrau gab es einen wunderschönen heisen Tee. An der Tehke stand im Glasschrank wunderschöne Trachtenpuppe. Natürlich wollte ich die haben und Claudia und Mutti kaufte sie mir auch. Ich freue mich immer sehr wenn ich etwas bekomme und das ich auch mal etwas extras abzweigen kann.
Im Kremel waren wir und sahen den Zarenschatz. Wir haben das Mauseleum gesehen wo der Lenin wie eine Puppe da lag. Natürlich spreiselte Mutti wie ein Rohrspatz weil es sehr kalt war. Mutti fand die schönen eingemumelten Kindergartenkinder sehr interessant und ich fand Lenin sehr interessant. Ich wollte unbedingt Lenin sehen und das habe ich durchgesetzt und dann habe ich den Volkloreabend durchgesetzt natürlich bin ich in der Gruppe geblieben. (Claudia und ich hatten uns Karten für „Giselle" im Bolschoitheater erkämpft)
Auf dem Fernsehturm waren wir auch und haben sehr schön die Malzeiten eingenommen und haben von oben die ganze Stadt Moskau angeschaut.
Wir waren auch in der Allunionausstellung und wir haben viele Autos gesehen. Wir sind auf der langen Straße endlangspaziert sind in das Kaufhaus Gum einkaufen gegangen.
Von Moskau aus flogen wir mit unserer Reisegruppe nach Leningrad.
In Leningrad selber waren wir auf dem Newski-

prospekt da haben wir viele schöne Kirchenkuppeln gesehen, und da haben wir schönes Wetter gehabt. In der Kirche haben wir viele schöne bunte Fenster gesehen und die Sonne hat in die Fenster geschienen natürlich mußte ich die Sonnenbrille aufsetzen. Dann haben wir die Kaditrale von außen angeguckt weil die Kaditrale zugeschloßen war, ich war sehr froh dar-über.

Wir waren auch im Katharinenschloß und es war im Krieg zerstört worden.

Wir waren in der Oper und haben Toska gesehen. Die haben russisch gesungen und zwar Arien und sie haben sehr schöne Stimmen gehabt. Wir saßen auf der 2. Reihe da konnte man sehr gut sehen.

Djepr–Schiffsreise

Wir machten mit Vati die Reise im August 1979.

Wir fuhren mit dem Schlafwagen nach Odessa und dort haben wir den Hafen natürlich vor dem Hafen sahen wir die große Treppe.

Von Odessa sind wir mit dem Schiff auf dem Djepr gefahren bis nach Kiev. Wir haben das Höhenkloster und die Sophienkadrale gesehen. Wir sind zu den Denkmäler für die Gefallenen des Krieges gesehen. Auf dem Schiff hatte Vati schlechte Laune gehabt und er hat gesagt das Reisefie ist unterwegs. Und wir hatten sehr schönes Wetter gehabt und sehr heiß dazu natürlich fotografierten sie mich auch mein Vati stellte fest das ich fotogen bin, und sehr schön auf Bildern bin. Wir lernten auch nette Leute kennen die mich akzeptiert haben und ich machte auch das

Neptunfest mit natürlich machte es mir großen Spaß. Ich wollte auch mit den Leuten gehen, aber Vati hielt mich zurück.
Am Strand saß ich am nächsten Tag mit den Leuten zusammen und unterhielten uns, oder ich schaute ins blaue Meer hinaus.
In Kiev legten wir mit dem Schiff an und dort sahen wir andere bekannte Leute, die wir in Bad Sarrow gesehen haben. Ich tanzte mit dem Reiseleiter und es machte mir großen Spaß .
Von Odessa aus fuhren wir mit dem Zug nach Erfurt und von dort aus fuhren wir nach Ilmenau. Mein Vati sagte zu uns wir könnten nach Holulolo fahren von ihm aus, er hat keine Lust mitzufahren.

Das Kätzchen ist Hermine wichtig.

Harzreise mit der Selbsthilfegruppe
Um 8 Uhr am 27.5.94 sind wir mit Reisebüro Bischoff nach Schierke gefahren. Im Hotel Feuerstein haben wir gewohnt. Und dann fuhren wir zum Brocken mit dem Zug und dort gingen wir spazieren, und ins Brockenmuseum. Und dort haben wir Tiere, Pflanzen und Steine natürlich auch Felsen gesehen. Und dann fuhren wir nach Wernigerode und dann sind wir in die Stadt gelaufen, und zur Kirche natürlich war auch ein Mädchenchor. Sie haben sehr schön gesungen. Und Mutti hat alles ausführlich sehr schön erklärt weil sie dort gewohnt hat. Und dann bekam ich mein Lieblingseis und zwar Erdbereis und Schokoeis, und Mutti hat mir bießel mit geleckt natürlich hat es sehr gut geschmeckt.
Wir fuhren nach Bad Harzburg und haben den Kurpark gesehen und sind nicht mit der Bergbahn gefahren. Wir fuhren mit dem Kleinbus nach Goslar und dort haben wir die alten Fachwerkhäuser gesehen mit den schönen angemalten Farben. Wir waren auch in der Kaiserpfalz und dort sind wir von dort aus in den Mittelalterlicher Markt gelaufen. Und dort haben wir viele alte Frauen und Männer gesehen natürlich sah ich eine Frau die gerade ein Kind gefüttert hat. Im Museum haben wir die Huldigungsstube gesehen viele schöne Gemälte und eine Frau erklärte die schönen Bilder sehr gut. Auf dem Markt habe ich viele alte Kleidungsstücke gesehen und ein Mann der eine Mund Flöte spielte. Und Mutti kaufte mir persönlich eine Nußrolle natürlich durfte ich mir etwas heraussuchen und dann begann unsere Heimfahrt.

Die Selbsthilfegruppe, „Alleinstehende Mütter mit erwachsenen behinderten Kindern“ besteht seit Herbst 1991. Wir treffen uns mindestes einmal im Monat, unternehmen Theaterfahrten, Konzertbesuche, Tages- und Wochenendfahrten und feiern Geburtstage.
Es stimmt, ich wohnte 2 Jahre in Wernigerode und war von 1951–53 Dozentin an der damaligen Fachschule für Landwirtschaft.

Wir haben den Brocken bezwungen (Hermine 4. von links)

Hermine war auch mehrmals bei den Großeltern im Vogtland. Während sie über die Erlebnisse bei den Großeltern nachdenkt, kommen ihr andere Dinge in den Sinn, die sie auch berichten will. In ihrem Kopf ist oft ein Durcheinander. Aber wichtig ist es, daß sie ihre eigenen Gedanken formulieren kann!

Reise zu den Großeltern nach Weischlitz
Ich hatte dort einige schöne Erlebnisse gehabt wir fuhren nach der Pirkertalsperre und Phölertalsperre natürlich schwamm ich sehr schön mit den Schwimmärmeln, die ich von meinen Großeltern geschenkt bekommen habe. Von meinen Großeltern bekam ich auch eine schöne Puppe mit langen blonden Haaren geschenkt, und dann bekam ich eine kleinere Puppe mit schwarzen Haaren. Von meinen Schulanfang bekam eine Negerpuppe und ich taufte sie Wiewien eine andere Puppe hieß Rita und andere Puppe taufte ich selber Katja natürlich spielte ich mit Claudia in meinem Zimmer auf der langen Eckbank manchmal lange Strecken alleine sehr schön. Wenn wir im Garten die Puppen in der Wanne gebadet hatten und die Puppenwäsche noch dazu da haben wir auch gleichzeitig Waschfest veranstaltet und haben auch die Harre gewaschen, das hat uns rießengroßen Spaß gemacht.

Puppenwäsche in Omas Hofgarten

F. waren im Silvester bei uns und sie lobten mich sehr das meine Puppen hübscher aussehen als meine Schwester ihre, da war sie ziemlich sauer auf F das sie mich gelobt haben.
Bei meinen Schulanfang bekam ich eine Zuckertüte und der Inhalt von meiner Oma und ich lag im Bett mit Mundentzündung, weil ich Schnee und Eis gegesen habe. Ich konnte nichts essen und trinken und ich habe es Claudia genehmigt aber hinterher hat sie Durchfall bekommen. Ich habe mich sehr gefreut darüber da sind wir auf dem gleichen Weg angelangt da haben wir uns geeinigt wir haben uns auch wieder angefreundet.
Aus Nürnberg von meinen Großeltern bekam ich die Schwimmärmel das habe ich leider vergessen zu schreiben. An der Elster haben wir Claudia und ich gebadet natürlich haben wir auch Steine in das Wasser geworfen. Wir fuhren mit den Großeltern nach Straßberg und besuchten unsere intimsten Freunde. Mit den Großeltern fuhren nach Thossen und besuchten die Anita und dort hang ich sehr an meine Oma, da war ich ziemlich ängstlich am Anfang. Anita wollte unbedingt das ich mit ihr die Kühe von Weide abhole und da bin halt mitgegangen weil es meine Großeltern sich in den Kopf gesetzt hatten. Wir mußten Claudia und ich auch selber unsere Freunde heraussuchen das gefiel mir schon besser. Unsere Großeltern gingen mit uns im Wald spazieren und mit G das sind die Hausbesitzer von den Kindern die mit uns sehr gerne schöne Kreisspiele gemacht haben. Wir sind zu den Wackelsteinen gelaufen und

haben uns auch zwischendurch auf die Bank gesetzt. Wir gingen auch durch die Felder und guckten die Kühe auf der grünen Weide an.
Wo meine Großeltern sauer waren das ich aufs Brötchen viel Marmelade darauf gemacht habe und ich machte beim Fernsehen den Mund auf.

Von links: Hermine, Claudia, Oma, Vater, Opa

Meine Kindheitserlebnisse in Ückerritz (Ostsee 1959)
In dem schönen Ort Öckerritz haben wir Claudia und ich die Hanne aus Rostock kennengelernt.
Die Hanne ist das Patenkind von meiner Mutti.
Die Hanne ist mit uns beiden Claudia und mit mir zusammen in dem schönen großen schönen blauen Meer und mit der schönen grünen Luftmatratze und mit einer Freundin spielten wir gemeinsam sehr schön.
Wir wohnten bei der Frau Bunge in einem häßlichen Häuschen.

Ich ärgerte die schönen Hühner auf dem schönen Bauernhof und ich hatte den schönen Bauernhof am liebsten gehabt.
Mir machte es rießen Spaß sie zu ärgern und sie regte sich sehr gerne über mich auf und natürlich schimpfte sie auch mit mir und da machte ich es gerade.
Und das Bild ist im Erinnerungsbuch und wenn ich krank war gucke ich sehr gerne das schöne Bild an.

Können das Hermines eigene Gedanken sein? Sie war damals drei Jahre und 9 Monate alt. Sicher weiß sie es durch Photos und Erzählungen.

Nach dem Bad

Meine eigenen Reiseerlebnisse in dem Ort Vitte (Ostsee 1961)
Ich riß in eine Burg aus und mit anderen Leuten aß ich Kartoffeln.

Meine Eltern suchten mich in einem Sumpfgebiet ab und sie fanden mich in einer Burg.
Meine Eltern hatten um mich sehr große Angst gehabt, und ich überprüfte meine Eltern ob sie wirklich Angst hatten, sie hatten wirklich Angst gehabt.
Und das war am schönen Sandstrand die kleine Episode von mir persönlich.
Wir gingen gemeinsam mit den Eltern zusammen, zum Mittag essen, und die Gaststätte hieß die Heiderose.
Claudia spielte mit den Messer und Gabeln herum.
Mein Vati schimpfte mit der Claudia sehr und sie hatten sehr oft Streit gehabt früher als Kind.
Wir lernten die Adelheit mit dem schönen weißen Hund kennen und ich ging gleich auf die beiden Wanderer zu.
Das schöne weiße weiche Hundefell war sehr weich und ich durfte sogar ihn streicheln.
Ich habe sie extra vorher gefragt, und ich durfte es auch.
Ich habe sogar sehr gerne dem schönen weißen Hund zugeguckt wie er im kalten Wasser herum spielte und ich freute mich sehr darüber.
Wir sind von der Heide aus bis nach Kloster sehr lange und ausdauernd gelaufen.
Mein Vater spielte auf der Mundharmonika vorneweg und da ging das laufen viel besser.
Claudia und ich gingen mit einem Jungen der Knut hieß in dem tiefen Wasser spazieren. Und wir merkten nicht mal das der kleine Junge nicht mehr stehen konnte.

Claudia konnte nicht gerne verlieren und wir spielten gemeinsam das Märchenspiel. Sie zerkratzte die Nummer von der Hexe. Claudia spielte total verrückt und mein Vati schimpfte ein bißchen mit ihr sie sollte sich ein bißchen zusammennehmen.
Mein Vati lobte mich sehr gegenüber von der Claudia und er sagte das Hermine mit Anstand auch verlieren konnte. Mein Vati erklärte Claudia das das im Leben auch nicht alles glatt geht, und bei Hermine auch nicht alles, und deshalb brauchte ich mehr Unterstützung, weil ich geschädigt bin.

Wir fahren zu Vati nach Berlin (1967–1970)
Vati war 3 Jahre in Berlin. Wir haben ihn in den kleinen Schulferien besucht.
Wir waren auf dem Fernsehturm und ich bestellte eine schöne Obsttorte und Claudia wollte das gleiche wie ich aber leider hat sie nur eine Bisquitrolle bekommen. Wir bekamen jeder eine Selter zu trinken und vorher eh wir hoch kamen war eine Riesenschlange am Fahrstuhl und beim ausziehen. Und Mutti hatte viel Wut im Bauch und schimpfte uns beide aus und bis zum Jahr zwei tausend geht sie nicht mehr hoch.
Wir haben auch das Pergamonmuseum besucht und haben den großen Pergamonaltar gesehen.
Und dann haben wir auf dem Treptower Park den Rummel gesehen und Unter den Linden den Wachaufzug gesehen, wo mein Vati gearbeitet und gewohnt hat. Es hat ziemlich in Strömen geregnet und Mutti hat es realisiert und Claudia hat es sehr schön mit

Würde getragen. Dann waren wir sehr oft im Kinderthaeter und zwar „Die Straßenban Terese", „Der Schneeball", „Der zerprochene Krug" . In der Komischen Oper haben wir" Der Sommernachts-traum" und „den Ritter Blau Bart" und „May Fair Lady" gesehen.
Mein schönstes Erlebnis war zu mein Geburtstag. Da war mein Patenonkel Gottfried mit Familie bei uns und Vati fuhr mit mir zusammen zum Flughafen und holten sie ab. Mutti holte mit mir zusammen Torte ab beim Opernkaffee, da wurden wir rausgeworfen, weil Christian und Tilman so laut waren.
Wir waren im Märkischen Museum und haben die Zille Bilder gesehen natürlich alles um die Geschichte von Berlin. Wir waren auch im Kino und sahen Die Heiden von Kummerow , es war sehr lustig.
Mein schönstes Erlebnis war noch das ich Goyko Mitjtsch getroffen habe und mein Vati ist mit mir hingegangen.
Natürlich sind wir auch zusammen zur Rosemarie und dort haben wir das Kartensspiel Romee kennen-gelernt. Natürlich sind wir auch zu einigen Leute mit dem Auto hingefahren die wir schon kannten durch mein Vati .

Hermine hat recht. Das Anstehen, die Preise und der Streit der Kinder hatten mich so verärgert, daß ich laut und deutlich sagte: „Auf den Fernsehturm bringen mich vor dem Jahr 2000 keine zehn Pferde mehr!" Nun sind es nur noch 2 Jahre bis dahin. Ich weiß heute schon, daß ich den Fernsehturm nie wieder erstürmen will.

Ostseereisen nach Ahrenshoop

An Ahrenshoop habe ich mit meinen Eltern und mit Claudia schöne Ferienerlebnisse gehabt. Wir waren sehr oft in Ahrenshoop und dort sind wir nach dem Bodden gelaufen. Und dann waren wir zum Boddenhaus zum Grog trinken gelaufen, am Abend. Wir wohnten bei Saatmanns und die hatten eine schöne schwarze Katze und ich streichelte sie. Wenn sie ihre Ruhe haben wollte habe ich sie auch gelassen und dort haben wir auch Romee gespielt aber leider nicht alleine, da mußte jemand mit mir spielen. Wir waren auch zusammen auf Veranstaltungen gegangen. Wir waren auch im Kunstkaten, bei einer Gemäldeversteigerung gewesen. Wir waren auch sehr viel im Kino gewesen und da wurden Indianerfilme von Goiko Mitic gespielt natürlich war unser Vater mit uns ins Kino gegangen. Einmal war auch ein Kriminalfilm Der schwarze Abt im Kino und unser Vater war etwas sauer, weil es schönes Wetter war und Mutti wollte unbedingt am Strand sich erholen. Mein Vater hatte nur eins im Kopf, Arbeit er konnte nicht mal sein Urlaub genießen. Oma schickte uns allen einen schönen Rührkuchen. Mein Vati puttelte mich in den Sand ein und ich siebte Sand für seine Kakteensammlung, natürlich lobte mich mein Vati sehr das ich sehr fleißig für ihn Sand siebte. Wir lernten auch Melone essen und ich aß es nicht gerne mir eckelte es davor und da brauchte ich es nicht zu essen. Wir lernten auch nette Leute kennen die mich akzeptiert haben.

Originaltagebücher

Aus den Jahren 1968 bis 1997

Im folgenden einige Zitate aus Hermines Reisetagebüchern, die von ihr nicht „nachbearbeitet" wurden.

Reise nach Ahrenshoop 1968

20. 8.68

Heute waren wir in Rostock. Wir waren erst im Hafen. Wir haben ein großes Schiff gesehen. Ein Kran hat ein ganzes Auto hochgehoben. Ich bin mit S im Auto gefahren. Die Claudia ist allein gefahren. Ich habe dann Kafee getrungen. Dann habe ich mit Ditrich draußen lange gespielt. Dann gab es Abendbrot. Dann sind wir mit dem Auto nach Ahrenshoop.

Hermine, Iris und Claudia

24.8.68

In drei Tagen ist schönes Wetter. Heute gehen wir ins Wasser. Gestern war der Vati ein Feiglieng. Ich hatte eine Freundin. Die heißt: Ires. Heute fährt sie nach Hause. Gesternnachmittag war ich mit Luftmachtraze ins Wasser gegangen.

25.8.68
Gestern war es schönes Wetter. Gestern war ich mit Vati im Wasser. Vati war gestern mutig. Heute kommt die Hanne mit ihrem Mann. Da freu ich mich darauf. Heute gehe ich mit Hanne ins Wasser.

29.8.68
Heute war ein wundervoller Tag. Wir sind heute Nagsch. Das war sehr schön. Die Sonne hat geschien. Da war es heiß. Ich bin wie ein Seehund geschwommen. Wir haben ein koltanbf gehabt. Ich hab gespielt im Wasser. Die schreibt auch eine Karte. Die Claudia malt ein Brief. Es hat geblitzt und auch gedonnert. Das ist gar nicht schön.

Auf dem Weg zum Strand

„Faksimiles“

Wir waren noch mehrmals in den Ferien in Ahrenshoop. Es folgen zwei „faksimilierte“ Ausschnitte aus den Tagebüchern von 1969 und 1970.

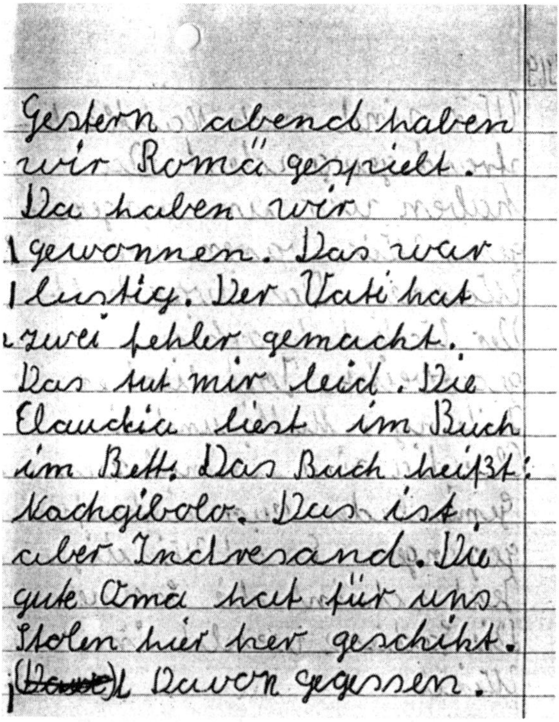
Gestern abend haben
wir Romä gespielt.
Da haben wir
gewonnen. Das war
lustig. Der Vati hat
zwei fehler gemacht.
Das tut mir leid. Die
Claudia liest im Buch
im Bett. Das Buch heißt:
Kachgibolo. Das ist,
aber Indresand. Die
gute Oma hat für uns
Stolen hier her geschikt.
(~~[illegible]~~) Davon gegessen.

Ahrenshoop, den 22.8.1970

Gestern waren wir am F.K.K. Strand. Ich habe gestern getaucht im Wasser. Wir haben gestern geschlafen. Ganz tief eingeschlafen. Gesternabend wir ausgangen. Wir haben daß Radio an. Der Vati hat mit uns Quatsch gemacht. Der Vati gute Laune gehabt. Heute fahren wir nach Dierhagen und nach Rostock am Dienstag.

Dnjepr–Schiffsreise – Sommer 1979

Brest, den 13.8.1979
Wir verleben schon den 2. Tag im Liegewagen. Ich habe eine Freundin gefunden. sie schläft bei uns mit. Heute Früh sind die Wagen umgespurt worden. Es regnete in Strömen, heute früh. Wir warten gerade auf das Frühstück und auf die Toilette, es dauert ganz schön lange.

Dienstag, den 14.8.79
Wir kamen in Odessa an, da packten wir die Koffer und stellten sie vor die Waggons, danach gingen wir ins Marinemuseum, es war ganz interessant, wir gingen dann ins Restourant, dort aßen wir ein Eisbecher, wo wir uns gestärkt hatten schliefen wir auf der Bank wo wir ausgeschlafen hatten, trafen wir unsere Freunde von Bad Saarow wieder, wir kauften ein Tüteneis. Wir gingen dann auseinander, wir gingen wieder auf unser Schiff, vor dem Schiff, war eine Begrüßung mit Bumsmusik.

Mittwoch, den 15.8.79
Wir tranken zu erst Kaffee, wir sitzen mit einer Familie aus Suhl zusammen. Am Vormittag fuhren wir, mit dem Bus, durch die Stadt, es wurden viele historische Denkmäler gezeigt und etwas erklärt worden, es war auch sehr anregten, an dem Tag war es Brüh heiß, wir machten einen Ausflug und vor dem Denkmal, war eine Wachablösung, von Pionieren veranstaltet worden einige Pioniere marschierten in

langsamen Schritt vor den Gräbern vorbei wir gingen dann wieder zum Bus. Am Nachmittag holten uns das Motorenschiff ab und badeten eine Stunde, danach fuhren wir wieder zurück, dort verletzte ich mich am Fußzeh. Am Abend fuhren wir zum Freundschaftstreffen der Eisenbahner, dort wurde erst eine festliche Rede gehalten danach sang eine Frau 3 Volkslieder, es wurde auch gesellschaftliche Tänze und Sportlerinnen aufgeführt und zuletzt hat eine Band gespielt, es war sehr schön.

Donnerstag, den 16.8.79
Vormittag machten wir wieder eine Stadtrundfahrt, sie zeigte uns viele schöne Dinge, wir stiegen vor, dem Kino aus, dort kaufte ich mir ein Törtchen, Vati war zwar ungehalten, aber es störte mich nicht, ich bin der, Meinung man soll alles mal mitmachen, wenn man nicht mehr kann, ist es zu spät, wir stiegen wieder in die Busse, wir fuhren dann wieder zum Denkmal, dort war wieder eine Wachablösung, von Pionieren, veranstaltet worden, wir fuhren dann zu einem Betrieb, am Nachmittag, wir besichtigten ein Baumwollkombinat, dort führte uns eine Frau durch, danach fuhren wir mit dem Kutter, wieder zurück, am Abend war auf dem Sonnendeck, oberhalb des Schiffes, eine Tanzveranstaltung, zwischen durch wurde, gesungen und gespielt.

Sonnabend, den 18.8.79
Am Vormittag besuchten wir die Stadt Saporoskie und machten eine Stadtrundfahrt, sie zeigte viel

interessandes und erklärte es. Wir stiegen vor einem Denkmal aus und erlebten zwei Hochzeiten, die gerade Sträuße niederlegten, wir fuhren dann zu einem Geschäft, dort kaufte ich ein Kuli, und fuhren danach zu einem zweiten Geschäft da guckten wir bloß rein und ich kaufte mir einen Saft zum trinken. wir fuhren dann wieder zurück zum Schiff, und dort schlief ich erst, mal am Abend lud ich meine Eltern zum Sekt in die Bar ein, dort wurde viel getanzt, ich tanzte oft mit Vati, ich trank zwei Gläser Sekt, ich war ganz schön angeschwipst.

Sonntag, den 19.8.79
Am Vormittag fuhren wir nach Kamenzki, und dort machten wir eine Stadtrundfahrt,

Sonntag, den 19.8.79
Am Vormittag legten wir in Kamenzki an, da gingen wir an Strand, und dort erholten, wir uns ich ging 3 mal, ins Wasser, einmal unsicher und beim zweiten mal sicherer, ich guckte beim Handballturnier zu und vorher, guckte ich beim Tischtennisturnier zu, am Abend war, ein Neptunfest, wir tanzten um das, Lagerfeuer, wir aßen Schaschlig, es spielte eine Kapelle dazu.

Montag, den 21.8.79
Heute Vormittag fuhren wir mit dem Bus, Zum Strand und erholten, uns und badeten zugleich, wir fuhren, dann mit dem Bus, wieder zurück, am Nachmittag, war ein Neptunfest, veranstaltet worden, es wurde

getanzt, die Teilnehmer waren: Räuber, Nebtun, Birgen, Frau Nebtun, Teufel und ein Arzt es waren auch Nümpfen tätig, wir lachten herzlich und klatschten, so 19 Uhr war Abendbrot.

Dienstag, den 21.8.1979
Am Vormittag war Vati bei der Stadtrundfahrt mit, Mutti und ich erholten, uns auf dem Deck wir gingen nach einer Weile im Park spazieren, und kauften Obst und leisteten uns, ein Eis, am Nachmittag war ein Kulturprogramm, mit vielen Darbeitungen, von Laienkünstlern Vorbereitet worden, es war prima, wo sie fertig waren erholten wir uns, wieder, um 7 Uhr war das Festessen, wir tranken, ein Schnaps und gleich, danach tranken wir ein Glas Sekt, wo wir voll waren wurde viel gesungen und geklascht, es gab Abschiedstränen, dann am Abend wurde sehr viel getanzt, ich tanzte oft mit Vati und einmal mit Mutti und mit vielen anderen. Vati sagt, daß er ein Lob braucht, somit tue ich das er tanzte, genauso gut, wie die anderen auch.

Mittwoch, den 22.8.79
Wir legten in Kiev an das ist die Hauptstadt von Ukraine wir machten eine Stadtrundfahrt, wir guckten viele historische Gedenkstätten an und eine Wachablösung, um 13 Uhr war Mittagessen auf dem Schiff, wir schliefen, schnell um 14 Uhr, machten wir ein Stadtrundfahrt, da guckten wir eine Blumenausstellung, ein Museum und Kaditrale an, es war alles interessant, so vor 16 Uhr fuhren wir zum Schiff, wir,

sind noch in die Bar gegangen und tranken dort einen Mokka, danach packten meine Eltern die Koffer, um 19 Uhr, war Abendbrot, Vati ist nicht, gut, er hat eine Magenverstimmung, wir sind ganz durcheinander, jetzt sind sie bummeln gegangen und ich gehe, jetzt ins Bett.

Donnerstag, den 21.8.79
Am Abend war ein Festessen vorbereitet worden, es gab reichlich zu essen, wir tranken einen Schnaps vorher und danach ein Glas Sekt, wir sangen Heimatlieder dazu, wir gingen auf das Sonnendeck, dort tanzten wir, und ich habe keine Tour ausgelassen, ich habe mit vielen getanzt.

Freitag, den 22.8.79
Wir sind im Höhlenkloster, gewessen, es war sehr interessant, gewesen und ist nur gut das wir schönes Wetter hatten. Wir waren dann beim Mahnmal für den Unbekannt Soldaten, und der ewigen Flammen besuchten und legten wir Sträuße nieder, wir waren am Nachmittag in der Sophin Katedrale und machten, eine Stadtrundfahrt.

Sonnabend, den 23.8.79
Wir fuhren zum Hotel und schliefen erst mal, da stellten wir die Koffer ab, Am Nachmittag waren wir , in der Unionsausstellung, nach der Besichtigung, gingen wir zu Mittagessen, wir ruhten schnell aus, es ging dann, mit der Metrofahrt, Vati war an dem Tag ganz schön sauer, aber wir waren, wie immer in guter

Laune, ich ging mit Mutti, ein langen Weg, bis zum Hotel, so 0 Uhr 27 fuhren wir nach Berlin ab.

Sonntag, den 24.8.79
Wir fuhren mit Zug, weiter an dem Tag, war es ganz schön heiß, zuerst ging wir in Speisewagen, aßen dort, von Brest bekamen wir , einen Verpflegungsbeutel in die Hände am 25.8. fuhren wir nach Berlin, wir kamen so 5 Uhr an, bei einem Freund von Vati aßen wir Frühstück, wir waren so munter, daß wir nach Jena gefahren sind, am späten Nachmittag fuhren wir, nach Hause.

Reise nach Jalta – März 1980

Wir fuhren mit Herrn R, mit dem Auto zum Bahnhof. Von dort aus fuhren wir mit dem Bummelzug nach Erfurt. Von Erfurt bestiegen wir in einem Schnellzug bis Berlin–Schönefeld und dort gingen wir ins Flughafenhotel. Von dort aus riefen wir Vati an. Und am Abend lud ich Mutti zum Abendbrot ein.

Freitag, den 7.3.1980
In dem Hotel frühstückten wir. Wir gingen dann zur Zollabfertigung und starteten 12 Uhr 55 bis nach Kiev. Von Kiev starteten wir 16 Uhr bis nach Simferopol, dort waren wir 17 Uhr. Mit dem Bus fuhren wir zum Hotel Astoria. Dort aßen wir Abendbrot und erreichten unser Ziel.

Sonnabend, den 8.3.1980
Früh stärkten wir uns, wir sitzen bei einem netten Ehepaar aus Pappenwind, daß liegt bei Eisfeld. Danach gingen wir auf der Promenade entlang und nach einer Weile saßen wir auf einer Bank und sonnten uns. Mutti sonnte sich auf der Terasse und badete danach. Am Nachmittag war Ruhe verordnet, und am Abend war ein Festessen anläßlich des Frauentages. Es gab folgendes: Vorher Fischgericht, dann das Hauptgericht, hinterher eine Kremkuchen und dazu einen Mokka. Es gab auch Sekt zu trinken und wir haben natürlich viel getanzt das war der Clu des Abends.

Montag, den 10.3.1980
Da war Ruhetag verordnet worden. Es hat sehr

getrascht gestern. Zu Mittag war ich alleine gegangen, weil Mutti es schlecht ging.

Dienstag, den 11.3.1980
Heute Vormittag waren wir mit einer Frau aus Oberpörlitz in Jalta. Sie ist auch ganz nett, aber sie läuft viel zu schnell für mich. Wir gingen der Promenade entlang und guckten die Geschäfte an, wir gingen dann in eine Russische Teestube und dort leisteten wir uns einen Tee. Es war ein herrlicher Tag heute, wir waren heute mit dem Bus unterwegs aber nie wieder. Rückzu fuhren wir mit der Taxe, zum Hotel. Der Frau aus Oberpörlitz war es schlecht geworden im Auto. Wir waren vorm Abendbrot am Strand, und am Abend gingen wir im Park spazieren.
Dieser „Frau aus Oberpörlitz“, es ist übrigens Unterpörlitz, sind wir heute noch, im Jahr 1997, freundschaftlich verbunden. Hermine hat oft auf Reisen derartige Beziehungen geknüpft.

Mittwoch, den 12.3.1980
Am Vormittag fuhren wir mit dem Bus eine halbe Stunde zum Botanischen Garten. Dort führte uns unsere Dollmetscherin rum und zeigte uns hochinteressante Bäume. Abend gingen wir zum 16. Stockwerk zum Kinosaal. Dort war Folklorekonzert aufgeführt worden. Das hat mir bis jetzt ausgezeichnet gefallen.

Donnerstag, den 13.3.1980
Am Nachmittag gingen wir mit Frau T. im Park spazieren. Sie ist eine hochgeschätzte, mutige, tapfere

und eine interessante, freundliche Frau. Am Abend waren wir wieder im Kinosaal und dort wurde eine Sinfonie aufgeführt. Es war auch ganz nett und interessant. Am nächsten Nachmittag waren wir im Sommerschloß des Zaren es war sehr lehrreich und interessant zu besichtigen, und dann auch gingen wir zum Ehrenmahl des gefallene Soldaten. Wir fuhren dann zum Hotel. Wir ruhten uns aus und gingen zum Abendbrot über nachdem wir uns völig gestärkt hatten bummelten wir durch das Hotel. Wir gingen in eine Bar und leisteten uns einen Schnaps. In dem Sommerschloß besichtigten wir einige Säle. Im Februar 1945 fand dort die Konferenz von Jalta statt.

Freitag, den 14.3.1980
Heute Vormittag waren wir in der Stadt und guckten den Schoner das Schiff Espanola von außen an. Gleich in der Nähe steht das Hotel Oreanda. Das älteste Hotel Jawrida aßen wir Mittag im Innenhof. Am Nachmittag waren wir auf der Märchenwiese und guckten die Figuren aus den geschnitzten Holz an. Am Abend ging Mutti zum Friseur und ich zum Abendbrot, danach bummelten wir durch das Hotel.

Sonnabend, den 15.3.80
Heute Vormittag fuhren wir nach Aluska und dort besichtigten wir ein Museum. Dort wurden Bildern von bekannten und unbekannten Malern gezeigt. Wir sahen auch Galaräume und den Wintergarten, dort wurden viele Gewächse gezeigt und erklärt worden. Am Nachmittag fuhren wir nach Gursof und besich-

tigten wir das Pionierlager Artek. Am Abend war Abschiedsessen im 16. Stock, dort forderte ich viel Leute auf zum Tanzen. Ich habe keine Tour ausgelassen, es wurde auch Sekt getrunken.

Sonntag, den 16.3.1980
Am Vormittag spazierte Mutti und ich am Strand entlang. Ich streichelte eine Katze und dann sonnten wir uns. Um 2 Uhr fuhren wir zum Schwalbennest und guckten es von außen an. Es war ein sonniger Tag. Wir fuhren wieder zum Hotel und gingen zeitig in Betten.

Badekur in Karlsbad – Frühling 1882

Dienstag
Von Ilmenau fuhren wir, nach Weischlitz zur Oma und dort machten eine zwischen Station. Von dort aus fuhren wir zur CSSR und an der Grenze ging es reibungslos. Und endlich erreichten, wir unser Ziel in Karlsbad. Am Abend war eine Arztsprechstunde.

Mittwoch
Wir wohnen im Dimitroff in der 3. Etage und das Zimmer 303. Das Haus gegenüber saßen wir und meldeten uns bei der Ärztin an. Wir bekommen 3 Anwendungen und trinken am Felsenbrunnen 11 dreimal am Tag Salzquelle. Elektrobehandlung bekomme ich und die Essenzeiten sind um 8, um 12 um 6. Mutti bekommt eine Gasspritze.

...

Montag
Am Vormittag wanderten wir zur Gaststätte Diana und am Nachmittag, lud ich Mutti zum Kaffee ein in der Gaststätte Elefant.

...

Sonnabend–Sonntag
Übers Wochenende waren wir mit Freunden 1x Kaffeetrinken im Thermal, 1x im Pup und 1x Elefant. Am Sonnabend tranken wir im Kaiserturm eine

Flasche Wein und aßen. Auf dem Hirschsprung waren wir auch und leisteten uns einen Tee.

...

Dienstag

Am Vormittag war ich bei der Bestrahlung und Mutti eine Sprudelbad. Am Nachmittag gingen wir spazieren und saßen auf der Bank. Am Abend waren wir mit der [illegible] nach eine halbe Stunde im Wald.

Mittwoch

Am Vormittag waren wir bei der Moorpackung und gingen spazieren, wir saßen dann auf der Bank und [illegible] [illegible].

Früh hatte ich eine Elektrische Behandlung und Mittag 13 Uhr machten wir eine Ausfahrt. Wir fuhren zuerst zum Moser und guckten das Glas an und fuhren dann, nach Loket und besichtigten die Burg, die Folterkammer und den Festsaal. Gleich in der Nähe war ein Suovenierladen und der Verkäufer, ließ uns dort aufwärmen. Ich streichelte einen kleinen Pudel und er schenkte uns einen Apfel und wo wir uns verabschiedeten bekamen wir einen Handkuß und sagte Lebwohl gnädige Madam. Wir besichtigten noch Porzellan und daß Zimmer von Ulrike v. Levezow und die Gegenstände. Wir fuhren dann weiter nach Sokolov und besichtigten vom Bus aus das Industriezentrum wo da Kohle abgebaut wird an.

…

Dienstag
Vati und Oma holten uns halb 10 ab und zeigten ihr Karlsbad und kehrten in ein Cafe ein. Und fuhren dann nach Weischlitz und dort machten dann eine zwischen Station und machten dann in Gehren Station. Und erreichten endlich Ilmenau.

Sommerreise nach Heiligendamm – 1985

Hermine und ihr Vater

Dienstag, 27.8.
Gestern fuhren wir von Ilmenau punkt um 7 los bis Potsdamm. Dort übernachteten wir bei Scheinerts, dann gingen wir durch den Park von Sancsosie und dort steht in der Mitte einen Brunnen. Bevor wir nach Potsdamm gefahren sind fuhren wir nach Leipzig und dort ging Mutti mit mir zum Heilpraktiker, ich ließ mir in die Augen gucken. Mutti lud uns in ein Cafe am Markt ein und fuhren dann weiter nach Doberan und wollten den kleinen Wieland besuchen. Wir erreichten endlich unser Reiseziel.

Mittwoch, den 28.8.85
Heute Vormittag besuchte uns der kleine Wieland mit seiner Mamma am Strandkorb. Am späten Nachmittag

kamen sie grade wo wir essen gehen wollten, ich war heute Nachmittag im Wasser und schwamm einige Stöße, da war ich auf mich selber sehr stolz.

Donnerstag, den 29.8.85
Am Vormittag liefen wir den Uferweg entlang und dort badeten wir am FKK, danach kam Wieland und wollte mit uns Ball spielen. Am Nachmittag war die wohlverdiente Ruhe.

Freitag, den 30.8.85
Wir hatten den kleinen Wieland ganzen Tag zur Betreuung bei uns weil seine Eltern in Ruhe arbeiten wollten. Gleich nach dem Frühstück fuhren wir mit ihm mit dem Mollizug nach Kühlungsborn West und dort wollte er unbedingt mit der Oma zum Strand. Wir fuhren dann wieder zurück und von dort aus holte uns der gute Opa ab. Mutti spendierte uns Eis, weil der Wieland unbedingt eins wollte. Waren dann am Strand und er befreundete sich schnell mit Julchen an, sie spielten sehr schön zusammen. Am Abend fuhren wir mit ihm nach Münster zu einem Orgelkonzert und dort trafen wir seine Eltern. Als wir gerade im Auto saßen wollte Opa Rauchen und der Wieland sagte: Ich werfe dir gleich die große Zigarre weg, So ein Dampf hier da könnte ich mich amüsieren, endlich sagte es ihm mal.

...

Hermine und ihre Mutter am Strand

Donnerstag, den 5.9.85
Am Vormittag fuhren wir nach Doberan und dort besuchten wir das Ehm Welk Haus. Wir machten eine Führung mit und es war sehr interesend zu erfahren, um die Geschichte von Heiligendamm. Am Nachmittag fuhren wir nach Warnemünde und dort machten wir eine Stadtbesichtigung, wir sahen eine Segelregatta.

Freitag, den 6.9.85
Am Vormittag wanderten wir nach der Schleuse und am Nachmittag lud ich meine Eltern zum Kaffeetrinken ein. Am Abend spazierten wir in einem kleinen Wäldchen entlang einen Naturschutzgebiet und dort sahen wir viel Reier und Enten.

Sonnabend, den 7.9.85
Am Vormittag ging Mutti mit mir spazieren und am Nachmittag fuhren wir nach Althinrichsdorf zur Hanne und ihrer Familie. Wir sahen sie nach 10 Jahren wieder einmal und freuten uns ganz herzlich darüber, das wir uns treffen konnten. Ich freute mich sehr, daß ich den kleinen Volker gesehen habe und war ganz stolz, das ich ihn anziehen durfte. Sie hatten im Garten einen wilden kleinen Hund, zwei Kaninchen und Schafe. Die zwei Männer gingen mit dem kleinen Volker spazieren, damit wir mit Hanne 10 Minuten ungestört unterhalten konnten. Wir brachten den kleinen Volker gemeinsam ins Bettchen, damit wir in Ruhe Abendbrot essen und unterhalten konnten.

Sonntag, den 8.9.85
Am Vormittag ging Mutti mir spazieren und sangen sämtliche Wanderlieder die wir kennen durch. Am Nachmittag fuhren ein Stück und spazierten wir in dem kleinen Wäldchen den Pfad entlang, danach sammelten wir im Kollektiv Hagebutten. Am Abend biepelten meine Eltern sie aus und ich las dabei Em Welk Geschichten vor.

Montag, den 9.9.85
Am Vormittag gingen wir zu der Schleuse gemeinsam und am Nachmittag fuhren wir nach Kühlungsborn Ost, Vati brachte uns mit einer stinkischen Laune zum Parkplatz und Mutti ging mit mir den Strand entlang. Und dann trafen wir uns wieder, er ist wieder normal

hergestellt und ist in bester Laune. Wir liefen heute die Promenade entlang und jetzt backten sie ein.

Auch im Jahr 1988 verlebten wir Ferienwochen in Heiligendamm. Hier ein Tagebuchseite von Hermine.

Abend waren wir gemeinsam im Kino.
Es wurde „Amadeus" gespielt und das war
für mich sehr beeindruckend.

Freitag, d. 27.5.88

Wir waren wieder am Strand und Mutti
ging mit mir das letzte mal zur Massage
und ich zum Inhalieren. Ich ging mit
Frau Dr. Jungfräundel zu einer Veranstal-
tung. Das war im Kurhaus: „Heiteres
über die Liebe" und das war für mich
mein zweit schönstes Erlebnis. Das
war so richtig mein Geschmack.

Sonnabend, d. 28.5.88

Reise nach Hamburg und Helgoland – Sommer 1990

Donnerstag, den 9.8.1990

Heute früh frühstückten wir um 9°° Uhr gemeinsamen Kaffee und danach fuhren Lori uns zwei, Nutti und ich zum Arzt. Weil Nutti in der Nacht vor Schmerzen nicht schlafen konnte und Nutti bekam auf der linken Seite Backe eine Spritze. Ich wartete auf Nutti und wir gingen durch Blankenese, natürlich mußte ich auch auf Nutti warten. Auf der Straße an der Kreuzung mußten wir so lange warten bis grün kam und erstaunlicherweise ohne Hektik. Was ich in Ilmenau nicht kenne und auch hier in Hamburg sind in den Läden die Verkäuferinnen sehr freundlicher und gehen auf die Urlauber ein was ich in Ilmenau auch nicht kenne. Der gute Onkel Gottfried versorgt mich sehr mit Obst. Wir aßen zusammen zu Mittag und es

… gab eine Nordische Speise, was Lori zubereitete

mit einer künstlerischen Begabung. Wir sollten zwar vom Onkel Gottfried und von Lori aus bei diesem Regen heute Nachmittag spazieren gehen. Onkel Gottfried wollte mich schon mitnehmen und nur gut das Mutti abpremste da ging Onkel Gottfried allein weg. Zur Zeit lese ich das Buch Alleingang es ist sehr spannend und intressant.

Freitag, den 10.8.1990
… Ich wohne in Christians Zimmer und ich schlafe in seinem Bett, sehr gut natürlich fühle ich mich in seinem Zimmer sehr wohl. Nur das Licht ist dunkel und da stelle ich die andere Lampe auf das Bett.

Sonnabend, den 11.8.1990
Heute bin ich in der Hundepraxis und gucke zu wie die Hunde operiert werden. Hier liegt ein Hund der Olly heißt und hier wird aufgepaßt das der Hund die Wunde nicht aufleckt. Vorhin gerade gingen wir auf Gaßi mit dem Hund und hörte gar nicht auf zu pinkeln. Eben gerade kam ein Rentner mit einem kleineren Hund, der gerade eine Augenbehandlung hatte …

Sonntag, den 12.8.1990
Heute 10.00 Uhr Vomittags fuhren wir gemeinsam nach Büsum es war eine ziemlich lange Strecke. Dort hielt uns der gute Gottfried frei und aßen Kuchen und zwei Tassen Tee und wir saßen an der frischen Luft. Wir waren mit dem Auto auch zweimal auf der Fähre und wir liefen an den Strand der Onkel Gottfried

zeigte uns alles. Mutti und Lori wollten beinah die Polizei anrufen und sie suchten uns. Onkel Gottfried und ich waren an der Losbude und ich gewann eine Brillenkette. Dann waren wir noch bei einer Saufbude und weil ich so großen Durst hatte und Onkel Gottfried bestellte eine Taxe.

Es war ein sehr heißer Tag. Hermine wurde es schlecht. Eine Taxe mußte Onkel Gottfried und Hermine zu unserem Auto bringen.

Dienstag, den 14.8.1990

Erst mußte ich wichtige Formalitäten erledigen und danach ging Mutti in die Stadt. Mit Onkel Gottfried fuhr ich in die Praxis und es ist sehr interessant. Einmal war ein echt braver Hund da und ließ sich alles mit sich machen, natürlich waren ungezähmte Hunde beim Herrn Doktor. Es waren auch zwei Vögel und ein Junge dabei der gerade schilderte, was sie für Krankheiten haben. Dann war eine Katze, die gerade eine Betäubungsspritze bekam. Bei ihr wurde gerade die Gebärmutter herausoperiert und gleichzeitig ihre jungen Katzenkinder weggenommen. Das kann ich nicht vertragen und Onkel Gottfried rief meine Mutter an, sie soll mich abholen. Ich guckte dort in einem Fernrohr durch und wo die Krankheitserreger bei Katzenaugen herkommen. Es wurde mir erklärt warum und weshalb sie operiert werden …

Mittwoch, den 14.8.1990

Gestern fuhren wir Mutti und ich nach Helgoland und bevor wir es erreichten, waren wir auf dem

Hauptbahnhof in Cuxhafen. In Helgoland waren wir auf dem „Wappen von Hamburg" und dort aßen wir Fischfilet und tranken Tee dazu. 1. Aquarium, 2. Lift, 3. Leuchtturm–Klippenweg, 4. Kirche, 5. Lift, 6. Matjesbrötchen–Kaffee, 7. Rückfahrt.

Freitag, den 16.8.1990
Am Vormittag war Ruhe und Onkel Gottfried brachte uns zum Hauptbahnhof. In einem Zug hielt mich Mutti frei und es hat mir sehr gefallen und es schmeckte mir vorzüglich. Leider hatte ich das Buch vergessen und eigentlich wollte ich es mitnehmen zum lesen. Aber Mutti gab mir Zeitschriften zum angucken und ich guckte viel aus dem Fenster. Manchmal schlief ich ganz fest ein und Mutti mußte mich wecken, ehe wir nach Erfurt kamen. Von dort holte uns der gute Vater ab und Vater stellte mir ein Strauß Blumen auf den Tisch. Vater kaufte mir eine Flasche Oragensaft der sehr gut schmeckt und natürlich freute ich mich ganz besonders darüber.

Reise nach Mannheim – Juli/August 1992

26.7.

Gestern starteten wir Abends um 6.00 und kamen so halb 10.00 Abend in Mannheim an. Wieland erklärte ganz begeistert von seiner Wohnung und er wollte noch uns die Welt erklären. Aber Claudia war etwas gereizt von der Fahrt und Wieland sollte ins Bett wandern. Das erklärte ich ihm auch das verstand er sofort und er ging freiwillig ins Bett.

27.7.

Heute Früh tranken wir gemeinsam Kaffee und Claudia war in der Arbeit natürlich ist sie sehr fleißig. Wir gingen gemeinsam in die Stadt und kauften ein Getränk Capri Sonne Cola–Mix Getränk Cofein frei Brot. für Oma eine Badekappe. Wieland stellte uns die Vogelstrank vor dort war ein See. Wieland fuhr mit dem Fahrrad 600 km mit Oma in die Stadt und ich lag unterm Baum. Oma hat Blasen an den Füßen und hinterher war sie knülle und an den See badeten wir gemeinsam, das Wasser ist lauwarm. Wieland bereitete schön das Essen vor das hat sehr gut geschmeckt. Ich lag sehr lange Bett und ich las ich heirate eine Familie es ist sehr schön und lustig.

28.7.

Wir sind zum Schwarzwald gefahren und bis Bad Herrenalb da haben wir Minigolf gespielt. Dort machten wir Picknick und Wieland spielte mit dem

Mädchen sehr schön. Bei der Heimfahrt fuhren wir über Heidelberg und Odenwald entlang. Wir sind zum Baggersee gefahren und dort badeten wir natürlich machten wir auch Picknick am See. Das war mein schonstes Erlebnis und das ich die Idee hatte.

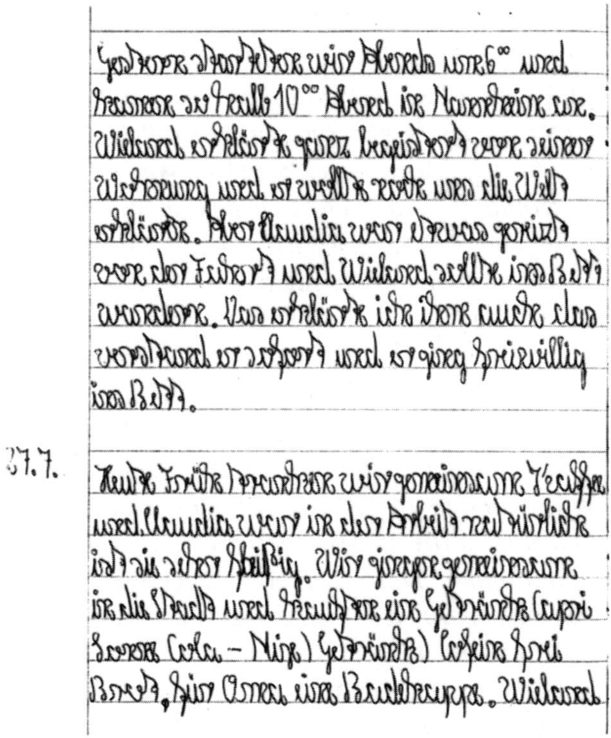

Schriftprobe Tagebuch vom 26. und 27.

29.7.

Gestern fuhren wir nach Worms mit dem Schiff und dort besuchten wir eine katolische Kirche mit schönen bunten Fenstern. Wir machten auch eine Stadtbesichtigung und es war sehr interessant zu sehen wie sie leben hier. Wieland meckerte in einer Tour es sei zu heiß und er hätte Hunger aber seine Mutter klärte ihn auf. Ich spendierte für jeden ein Tütenheis, und ich bekam Bechereis zum löffeln, und ich hatte gemischtes Eis ohne Sahne. Es hat sehr gut geschmeckt und Wieland beschützte mich auch gegen die Wespen. Wieland kaufte sich eine Pistole und darüber ist er sehr glücklich und strahlt über das ganze Gesicht. Aber ehe er es bekam war es eine Katastrophe und eine schlechte Laune. Das war ja kaum zum aushalten aber ich tröstete ihn ich könnte ihn verstehen. In diesem Alter meckerten wir auch rum, und das ist ganz normal. Auf dem Rückweg fuhren wir nach Mannheim zurück und kehrten in eine Gaststätte ein. Ich bestellte eine Hähnchenbrust und die anderen Salatteller und es hat sehr geschmeckt. Wieland sah darauf das ich auch etwas abbekam und da freute ich mich sehr darauf. Auf dem Schiff kaufte uns Mutti etwas zu trinken. Wieland und mir Cola und Saft. Wieland bekam von Oma Ärger weil er für sich auch etwas kaufte was so 20 DM 40 kostete. Ich sollte eigentlich nicht darüber reden aber ich korigierte mich gleich und ich erklärte ihm das es mir nichts anginge. Er sollte machen was er für richtig hält und das machte er auch. Auf der Straße sahen wir eine indianische Musikgruppe und ich spendierte 20 Pfennige dazu. Mutti ging in ein Hutladen und suchte sich einen aus und sie fragte uns welche Meinung wir vertreten. Wieland bediente mich sehr gut und er fragte mich ob ich etwas möchte. Wieland hatte langeweile auf dem Schiff und guckte zu den Wellen.

3.8.

Heute war Ruhetag angesagt und es ist auch mal ganz schön. Ich schrieb auf dem Balkon mein Erinnerungsbuch und dann gingen wir einkaufen. Wir aßen dann in der neuen Wohnung Suchini mit Kartoffeln. Und jetzt warten wir auf die Familie Kahl und in der Zeit habe ich Staubgewischt und abgetrocknet. Am Abend waren wir am Vogelstanksee und lagen unter dem Baum natürlich war es eine Erholung.

4.8.

Heute sind wir 9 nach 10 øø mit der Straßenbahn von Mannheim aus nach Kurpfalzbrücke gefahren. In der Straßenbahn sind viele Kinder mit ihren Eltern ein und aus gestiegen. Mutti war ihnen behilflich und ich nicht und einmal wollte Mutti auch helfen aber der Fahrer hielt sie zurück. Sonst ging die Zugreise reibungslos und im Abteil war erst ein Junger Mann. Dann konnten wir uns flach legen und lesen natürlich bis Erfurt und dann fuhren wir nach Ilmenau, mit der Taxe fuhren wir wieder nach Hause.

Ostseebad Scharbeutz – Sommer 1994

Hermine am Strand

16.7.
Um 3.00 sind wir aufgestanden in der Nacht in Ilmenau. Herr Steinert hat uns nach Erfurt gefahren. Von Erfurt aus sind wir nach Lübeck mit dem Zug gefahren, und dort sind wir umgestiegen. So halb 1.00 waren wir in Scharbeutz angekommen und ich war totmüde ins Bett gefallen und schlief ganz fest ein. Wir machten einen wunderschönen Strandspaziergang. Mutti spendierte mir ein zwei Eiskugeln und es schmeckte sehr gut.

17.7.94
Heute Vormittag waren wir erst Einkaufen und dann ans Meer. Ich war mit den Beinen im flachen Wasser

natürlich sahen wir viele Kindern mit ihren Eltern im blauen Meer herrum Patteln mit ihren Lieblings-spielsachen. Viele Schiffe sahen wir auch auf dem Wasser schwimmen. Wir sahen auch viele Möwen in der Luft herum fliegen. Zu Mittag gab es ein halbes Hähnchen zu essen u. wir saßen auf Terrasse vorm Restaurant.

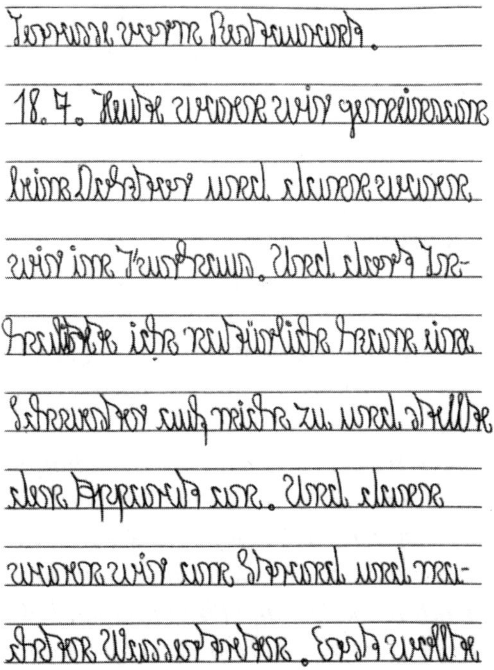

Hermine beschreibt jetzt im Tagebuch nur jede 2. Zeile. Das gibt ein besseres Schriftbild. Punkte sind wiedereinmal kleine Kringel. Ihre persönliche Note!

19.7.94
Mutti war beim Doktor wegen ihrer Venenentzündung am Bein. Dann machte ich wie eine Wilde Wassertreten und Mutti fotografierte mich. Wir aßen zu Mittag und Mutti kochte eine schöne Nudelsuppe mit Würstchen und dann Juoghurt hinterher. Danach brachte mich Mutti zum Baden und dann holte mich ein Mann ab zum Massieren ab, da freute ich mich sehr darauf. Heute Abend bringt mich Mutti ins Kaberett und daß ist genau mein Geschmack. Ich war Gestern Abend beim Bauerntheater und ich kaufte mir ein Glas Apfelsaft.

20.7.94
Heute Vormittag waren wir beide Mutti und ich im Bewegungsbad. Auf dem Balkon tranken wir sehr schön gemütlich Kaffee. Dann sind wir zum Strand gelaufen und wir durften nicht ins Wasser, weil ™l im Wasser war da wurde vom Flugzeug aus gewarnt. Wir saßen im Strandkorb und ich habe das Buch „Der Drachenflügel" gelesen, da ich selber Schwerstgeschädigt habe ich volles Verständnis dafür. Es geht um ein Mädchen die ein Bruder hat der Geschädigt ist. Ich guckte auch zu wie die Leute mit den nichtbehinderten Kindern umgehen. Am Abend kaufte Mutti für jeden eine Pizza und ich bekam noch ein Eis im Becher. Wir hörten noch eine italienische Musikgruppe und es war ganz toll.

...

22.7.94
Mein schönstes Erlebnis in diesem Urlaub war ein wunderschönes Kirchenkonzert. Es sang eine schöne Spanierin und ein junger Mann spielte auf ein Gitarre. Er erinnerte mich an Peter und er spielte genauso schön, aber Gott sei Dank ohne Brille.

...

25.7.
Am Strand waren wir beide Mutti und ich natürlich schwammen 26 bis 27 Stöße. Um 2øø kamen mein Patenonkel mit Frau natürlich feierten wir in der Gaststätte Muttis Geburtstag sehr schön in der Suzanne. Die Gaststätte liegt im grünen sehr schönen Kurpark gelegen. Ich spendierte für ihnen allen ein Eis und sie freuten sich darüber. Mein schönstes Erlebnis im Wasser war daß Onkel Gottfried mit mir in den Wellen herumhopste, das machte mir großen Spaß.

...

28.7.94
Erst habe ich Inhaliert und habe mich in der Stadt Scharbeutz verlaufen. Ich ging alleine durch den Kurpark spazieren. Heute war ein verrückter heißer Tag und ich war ganz schön verdreht. Ich vergaß sogar den Stöpsel in der Badewanne rauszuziehen. Ich vergaß sogar beim Massieren daß Handtuch. Aber sonst ist nichts besonders paßiert.

. . .

2.8.94
Heute war ich alleine inhalieren. Und dann kam Frau Baier zu Besuch und wir aßen Obstsalat und ich erzählte mit Frau Baier. Wir aßen zusammen Quark und Kartoffeln natürlich schnarchte ich während des schlafens. Am Abend war ich allein bei „Möven-schiet". Wir haben mit gesungen, mitglatscht, mit-geschunkelt und mitgetranpelt, natürlich war eine tolle Stimmung.

. . .

5.8.94
Um 11øø hat uns Onkel Gottfried abgeholt mit dem seinem Auto. Wir sind nach Hamburg gefahren und unterwegs haben wir in Schleswig Holstein in der Schloß–Gastätte Gasthof am See gegessen. Wir haben alle drei Salatteller mit Hühnerbrust gegessen. Wir haben auch alle drei Bitter Tonic getrunken und mit Eiswürfeln dazu. Das kostete 60 M alles zusammen das ganze.

Auf den folgenden Seiten sind beispielhaft noch ein paar Notizen und Bilder aus den kommenden Jahren in Scharbeutz zusammengetragen. Die Tagebucheinträge sind, weil sie sich naturgemäß nicht sehr vom oben stehenden unterscheiden, weitgehend weggelassen worden:

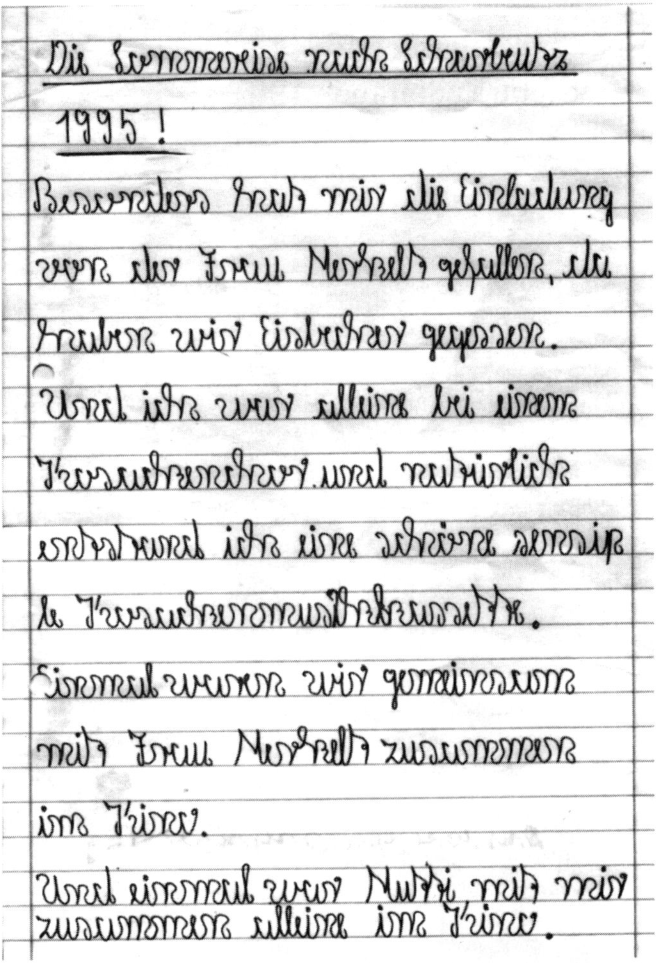

Die Sommerreise nach Scharbeutz

1995!

Besonders hat mir die Einladung von der Frau Merkelt gefallen, da haben wir Eisbecher gegessen.

Und ich war alleine bei einem [illegible]. und natürlich [illegible] ich eine schöne [illegible].

Einmal waren wir gemeinsam mit Frau Merkelt zusammen im Kino.

Und einmal war Mutti mit mir zusammen alleine im Kino.

Das war unsere Sommerreise im letzten Jahr. Hermine schreibt wieder Tagebuch und hat Spaß am Malen. Sie malt sogar im Strandkorb.

Ostseebad Scharbeutz – Reisetagebuch Sommer 1997

...

23. 6.
Heute waren wir gemeinsam zu bald beim Arzt. Und danach spazierten wir ganz lange am Strand entlang.
Und meine Mutti kaufte mir ein paar dicke Filzstifte und einen schönen Zeichenblock.
Und meine Mutti hat uns zwei Amerikaner im Bäkkerladen gekauft und ein kleines Plätzchen aus Schokolade. Und im Badehaus bin ich wieder mit einem großen Hallo empfangen worden.

Ein „Strandgemälde“

...

9. – 12. 7.
Heute fuhren wir gemeinsam Tretboot.
Ich aß heute Brathering und Mutti aß Matjes mit Kartoffelsalat dazu.
Matjes kommt aus Holland und der heißt so.
Gestern fuhren wir gemeisam mit der kleinen Bimmelbahn bis Haffkrug und wieder zurück nach Scharbeutz.
Und es gefiel mir auch sehr gut uund natürlich besonders das mir
Mutti eine Kugel Eis spendierte und ich durfte mir Eis selbstständig heraus suchen, und was ich nicht so gut fand das ich meine Mutti auch mal kosten lassen musste.

...

Mit der kleinen Bahn ist Hermine allein nach Haffkrug gefahren

16. 7.

...

Und wir gehen gemeinsam zweimal Mutti und ich an den Strand.

Mutti geht zum Wassertreten und sie ist aktiver als ich.

18. 7.

Gestern waren wir beim Dr. N und danach liefen wir an dem Sandstrand entlang.

Und es war sehr erholsam.

Und am Nachmittag packten wir gemeinsam die Koffer und ich zeichnete wie ein Weltmeister.

Noch ein Urlaubsbild

Freude am Malen hat Hermine auch in Ilmenau. Sie packt die Malutensilien, marschiert in den Garten, setzt sich genüßlich in die Schaukel, malt ihre Umgebung oder was ihr in den Sinn kommt und läßt sich nicht belehren.
Warum auch?

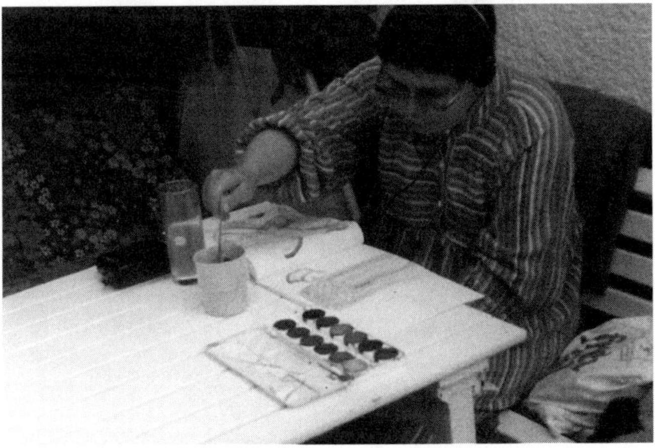

Hermine beim Malen zuhause

Schlußbetrachtungen

Selbstbildnis

Hermine ist jetzt, am Ende des Jahres 1998, 43 Jahre alt. Die leider auch in Fachkreisen noch immer manchmal vertretene Behauptung, Menschen mit Down-Syndrom blieben „auf dem Stand von 12jährigen“, hat sich als unhaltbar erwiesen. Zwar mögen die Methoden des Lernens verschieden sein, die berühmte „Plateau-Bildung“ (Also eine intellektuelle Ebene, von der aus es nicht mehr weiter geht) ist aber eine Folge falscher Methodik, nicht ein Symptom des Down-Syndroms.
Hermine lernt, wie jeder andere auch, noch heute Neues. Zum Beispiel kann sie den Computer immer besser bedienen, sucht Dateien, verbessert Texte und druckt

Briefe. Freilich hat sie Tage, an denen gelingen ihr gute Briefe, dann klappt es einmal nicht so gut.
Ist gerade das nicht vollkommen normal?
Normal ist auch, daß bei Hermine Konflikte im Zusammenleben in Familie, im Freundeskreis und in der Werkstatt auftreten.
In langen Gesprächen, meistens auf Waldspaziergängen, versuche ich mit ihr Probleme zu klären.

Hometrainer ist gut für Leib und Seele!
Hermine ist körperlich schwerfälliger geworden, kann nicht mehr Skilaufen, übt aber täglich auf dem Hometrainer. Da schallen die Gesänge der Herzbuben und die Lieder der Stefanie Hertel durchs Haus. Riskiere ich einen Blick durch den Türspalt, dann sehe ich sie eifrig in die Pedale treten, singen und sich im Spiegel betrachten. Ich glaube, sie fühlt sich dann als Solosängerin oder Friedensfahrer.

Und die Zukunft?
Wie es mit ihren Aktivitäten weitergeht? Ich weiß es nicht. Wenn ich ins Grübeln komme, trösten mich Freunde mit den Worten: „ Das ist doch ganz normal. Wir gehen auch nicht mehr Skilaufen, verlaufen uns schon mal in der Stadt, und haben unsere Mühe, die Berge zu bezwingen."
Vielleicht haben sie recht.
Hermine lebt oft in Träumen. Das ist gut für sie, aber schwierig für Menschen, die mit ihr leben. Es bedarf großen Einfühlungsvermögens, um Dichtung und Wahrheit bei Gesprächen mit ihr zu unterscheiden.

Beides, Dichtung und Wahrheit, finden sich in den Texten und in den Bildern, die sie malt.
Ich wünsche mir, daß Hermine, wenn ich einmal nicht mehr bei ihr bin, Freude am Leben behält und immer Menschen um sich hat, die mit ihren Träumen und Fantasien umgehen können.

Toleranz
Oft schreibt sich Hermine auch Schwierigkeiten von der Seele. „Warum muß ich tolerant sein?" Das will sie nicht begreifen. Hier ist ihre schriftliche Meinung dazu, womit dieses Buch seinen Abschluß finden soll.

Tolerant und zwischendurch intolerant, was ist das?
Ich bin leider nicht immer tolerant, den ich nicht leiden kann, bin ich ganz schön grandig. Nur bei meinen Spezies die ich besonders liebe und schätze, da bin ich Tolerant. Ich bin nicht immer tolerant, das ist leider Nachteil. Ich muß aber tolerant sein sonst sind die anderen Mitarbeitern auch nicht tolerant zu mir. Ein bißchen traurig bin ich da schon.

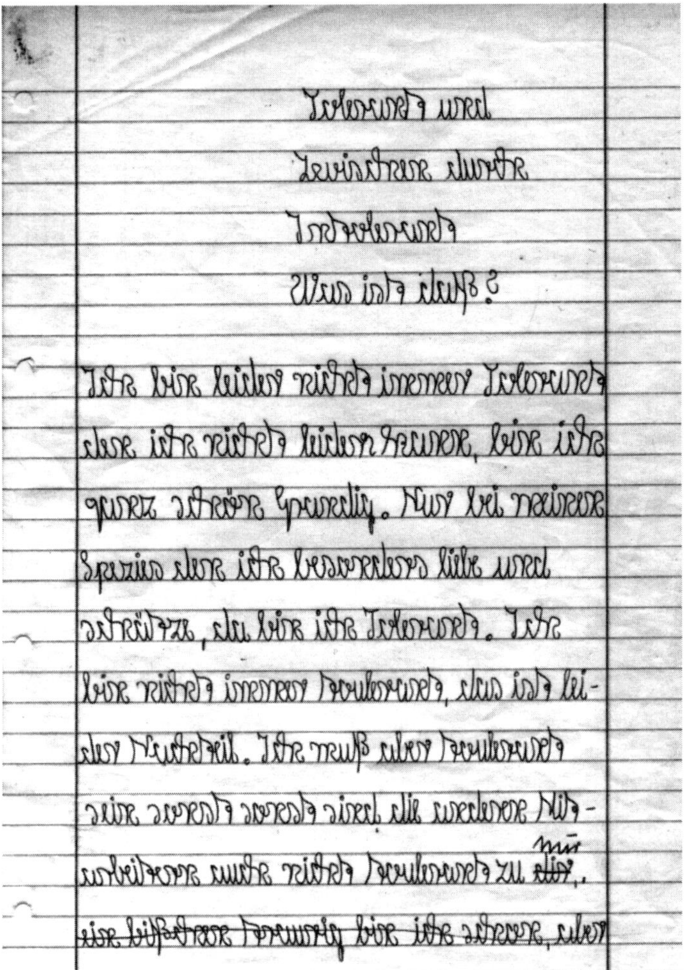
Toleranz und
Zwischendurch
Intoleranz
Was ist das?
Ich bin leider nicht immer tolerant
den ich nicht leiden kann, bin ich
ganz schön grantig. Nur bei meiner
Spezies der ich besonders liebe und
schätze, da bin ich tolerant. Ich
bin nicht immer tolerant, das ist lei-
der Nachteil. Ich muß aber tolerant
sein [illegible] die anderen Mit-
arbeiter auch nicht tolerant zu mir.
~~[illegible]~~ bin ich [illegible], aber

„Toleranz …“ im Original